오늘부터
걷기
리셋

통증과 질병 없이 평생 젊게 걷고 싶다면

오늘부터
걷기
리셋

홍정기 지음

EBS
BOOKS

젊음을 추동하는 힘, 액티브 워킹
이제 시작해볼까요?

당당하게 편 어깨와 곧은 허리, 활기차고 리드미컬하게 내딛는 발걸음을 보면 기분이 참 좋습니다. 이른바 '액티브 워킹'인데요. 같은 나이의 사람이라도 더 젊고 활기차게 걷는 이들에게서 우리는 젊은 기운을 느낍니다. 자신의 삶을 건강하게 가꾸고, 주도적으로 이끌어가는 힘과 자신감을 느낄 수 있죠. 왜 그럴까요? 단지 걷는 모습이 다를 뿐인데 말입니다.

입는 옷이 달라지거나 머리 모양을 바꾸고 화장을 하면 마치 다른 사람처럼 보이기도 합니다. 걸음걸이도 마찬가지입니다. 걸음걸이는 곧 그 사람의 스타일이기 때문이죠. 스타일에 따라 젊어 보이기도 하고, 나이 들어 보이기도 하는 것처럼 걸음걸이를 바꾸면 마치 다른 사람처럼 보입니다.

우리는 멀리서 누군가 걸어오는 실루엣만 봐도 그 사람이 누구인지 알 수 있습니다. 또 가끔 누군가를 떠올릴 때 그 사람의 특이한 걸음걸이가 함께 연상되기도 하죠. 걸음걸이는 그만큼 그 사람의 중요한 특징입니다. 얼굴이나 체형이 외적인 인상을 좌우하는 것처럼 앉거나 일어서는 습관, 인사를 하거나 손을 흔드는 모습, 걸을 때 팔을 흔드는 등의 몸놀림은 그 사람에 대해 많은 것을 말해줍니다.

인간은 걷는 존재입니다. 이동을 위해, 생활을 위해 걸을 수밖에 없죠. 자전거나 자동차 같은 이동 수단을 이용하기 시작한 것은 인류 역사를 두고 볼 때 극히 짧은 시간에 불과합니다. 일을 할 때도, 여행을 할 때도 인간은 두 발을 이용해 걸어야 했습니다. 자전거나 자동차가 본격적으로 개발되기 시작한 때는 19세기 후반이니까요. 물론 그전에도 말이나 소, 또는 마차를 타기도 했습니다만 주로 농경이나 전쟁 또는 특별한 신분에 한해서만 허락되는 일이었죠. 대부분의 사람에게 이동은 곧 걷는 것을 의미했습니다.

사람은 출생 후 1년 전후에 걸음마를 시작합니다. 그 뒤로는 어렵지 않게, 무심코 걷게 되죠. 하지만 걷기란 근신경계, 즉 운동제어 기능의 발현이며, 결코 근육의 힘만으로 완성될 수 없는 복합적인 움직임입니다. 척추를 바르게 세우고 지면에 발바닥을 정확히 내딛으며 몸을 앞으로 추진해 나아가는 것. 걷기는 뇌가 관장하는 가장 최적화한 인간의 기능이며, 그 사람의 건강이 어떠한 상태인지 보여주는 중요한 지표라고 할 수 있습니다. 누군가의 걸음걸이가 한 사람의 중대한 외양이며 스타일인 동시에 건강의 증거가 되는 것은 바로 이런 이유 때문이지요. 걸음걸이는 곧 그가 누구인지 보여준다고 해도 과언이 아닙니다.

걷기는 이제 건강을 증진하기 위한 중요한 수단으로 받아들여지고 있습니다. 산업혁명 이후 걷는 시간이 급격히 줄어들면서 여러 가지 문제가 생기기 시작했다는 걸 깨닫게 된 것이지요. 사람들은 걸으면서 육체적·정신적·정서적으로 건강해지는 경험을 하고, 나아가 보다 활기차게 살 수 있는 에너지를 얻습니다. 매일 힘차게 걷는 것만으로도 우리 몸은 완전히 달라집니다. 심지어 평소 빠르고 활기차게 걷는 것만으로도 몸속 세포 재생이 활성화되고 수명이 연장된다고 합니다. 어떤 보약이 이런 역할을 할 수 있을까요? 저는 들어본적이 없습니다.

그런데 걷는다는 것이 말처럼 쉬운 일은 아닙니다. 길을 걷다 보면 잘못된 방법으로 걷는 사람을 아주 많이 봅니다. 심지어 건강을 해치는 방법으로 걷고 있는 사람도 있죠. 그럴 때면 마음이 참 아픕니다. 당장 달려가서 제대로 걷는 방법을 알려주고 싶습니다. 이 책은 바로 그런 마음으로 집필했습니다. 여러분과 함께 바르게 걷기를 실천하며, 여러분과 함께 건강하게 살기 위해서 말입니다.

죽을 때까지 두 발로 걷는 것이 얼마나 큰 축복인지 잘 아실 겁니다. 부모님이나 주변의 어르신을 보면 금방 느낄 수 있지요. 나이 오십이 넘으면 내 몸 스스로도 느낄 수 있죠. 몸이 예전 같지 않을 테니 말입니다. 지금 당장 '액티브 워킹'을 시작해야 합니다. 보다 건강한 삶, 자신 있는 삶으로 가는 비법이 지금 내딛는 한걸음 한걸음에 담겨 있으니까요.

안타깝게도 나이가 드는 것은 사람의 힘으로는 막을 수 없습니다. 하지만 내 몸을 어떻게 사용하는가는 나에게 달려 있습니다. 젊은 걸음으로 활기차게 걸으며 자신감을 올리고, 그 자신감으로 뇌를 자극해 삶을 행복하게 만드는 일은 내 손으로 할 수 있습니다. 그 길을 제가 안내하고 함께 걷겠습니다. 당신이 걷는 모든 길을 응원합니다.

운동과학 박사 홍정기

Contents

PART 1

건강수명 갉아먹는 게으른 발에서 벗어나라

PART 2

걷기만 잘해도 생체시계가 거꾸로 간다

PART 3

걷기 혁명! 액티브 워킹으로 시작하라

PART 4

실전! 액티브 워킹을 위한 걷기 수업

Chapter 1 자신감 운동
걷기에 최적화된 전정기관 만들어 밸런스를 되찾아라

Chapter 2 유연성 운동 1
우람한 근육 말고 민첩한 근육을 만들어라

Chapter 3 유연성 운동 2
하체의 가동성을 높여 걷기 기능을 회복하라

Q&A
걷기에 대한 또 다른 궁금증

PART 1

건강수명 갉아먹는
게으른 발에서 벗어나라

걷는다고 쓰고 긴다고 읽는다

사람은 누구나 걷는다. 기능적으로 어려움이 없다면 말이다. 그중 상당수는 자신이 제법 잘 걷는다고 생각한다. 공원에서도 걷고, 러닝머신 위에서도 걷고, 계단도 무리 없이 오른다. 그런데 주위의 걷는 사람을 한번 자세히 살펴보자. 신경 써서 제대로 걷는 사람을 제외하면 대부분 떠밀리듯 흐느적거리며 걷거나 가까스로 몸을 움직여 이동하고 있을 뿐이다. 한 발 앞에 다른 한 발을 내디디면 자연스레 걷기가 진행되니까 말이다. 하지만 나처럼 바른 보행을 배운 운동 전문가의 입장에서 보면 안타까울 때가 참 많다. 어떨 때는 답답한 마음에 달려가서 걸음걸이를 바로잡아 주고 싶은 마음이 일기도 한다.

길에서 만난 다양한 걸음걸이

　오늘도 길에서 마주친 수많은 사람들. 서로 다른 얼굴만큼이나 다양한 걸음걸이를 하고 있다. 팔을 휘두르며 힘차게 걷는 사람, 힘없이 등을 구부린 채 걷는 사람, 고개를 숙이고 기운이 빠진 듯 걷는 사람, 안짱다리로 걷는 사람, 두 발을 팔자로 뻗으며 걷는 사람, 유난히 몸을 흔들면서 뒤뚱거리며 걷는 사람, 늘씬한 뒷모습을 뽐내며 바람처럼 가볍게 걷는 사람 등. 사람마다 성격과 체질이 다르듯 걸음걸이 역시 모두 다르다. 오래 굳어진 습관에 따라 다르고, 그날 신고 있는 신발에 따라서도 달라진다.

　걸음걸이는 체형과 관절, 건강 상태에 직접적인 영향을 받는다. 그래서 우리는 아는 사람인 경우 걷고 있는 뒷모습만 봐도 누구인지 금세 알 수 있다. 걸음걸이에 지문이 찍혀 있는 셈이다. 사람은 누구나 다른 얼굴, 다른 지문을 갖고 있다. 모두가 나만의 것이며 잘못된 것은 없다. 모두 옳다. 하지만 걸음걸이는 다르다. 바르게 걷는 일부 사람을 제외하면 모두 잘못된 걸음걸이로 걷고 있다. 이동이나 체중 감량, 건강 증진이라는 보행의 기본 목적도 효과적으로 달성하지 못할뿐더러 건강을 해치는 걸음걸이가 의외로 많다.

　나는 지금 어떤 모습으로 걷고 있을까? 내 걸음걸이는 몇 살일까? 나는 바른 자세로 잘 걷고 있을까? 건강에 도움이 되는 방식으로 걷

고 있을까? 이 질문들에 하나하나 대답하고 잘못된 점을 개선해 나
가야 마지막 순간까지 내 발로 올바르게 걸을 수 있다.

마치 기는 것처럼 걷는 사람들

인간은 걷는 존재다. 아무리 바깥 활동을 적게 한다 해도, 심지어
집 안에서만 생활한다고 해도 반드시 일어나 걸을 수밖에 없다.

걷기는 몸 전체의 근육과 골격, 심폐계, 신경계 등이 유기적으로
참여하는 원초적 본능에 따른 신체 활동이다. 즉 보행은 두 발로만
행하는 동작이 아니라 하체와 상체의 근육과 골격 그리고 뇌부터 발
가락 끝까지 연결된 신경이 반사적인 반응을 일으키는 모든 행위다.
우리가 무심결에 자연스럽게 할 수 있는 동작으로, 가장 효율적이고
반사적이며 무의식적인 운동이다.

그런데 잘못된 걷기를 하고 있는 사람들이 많다. 그들은 걷는 게
아니라 기는 듯한 모습으로 나아간다. 그러나 보행은 추진해야 한
다. 걷기에서 가장 중요한 것이 추진력이다. 추진력은 두 발로 땅을
차며 앞으로 나아가게 하는 힘이다. 발의 뒤꿈치는 충격을 흡수하
고, 중심은 균형을 잡고, 앞발은 강력하게 땅을 밀어내는 방식으로
성큼성큼 앞으로 나아가야 한다. 건강한 청년이 힘차게 걷는 모습처
럼 말이다.

지금 자면서 걷는 건가요?

제대로 걷지 못하는 사람의 상당수가 자신이 어떻게 걷는지 알지 못한다. 자신의 걸음걸이가 잘못되어도 미처 깨닫지 못한다. 자신의 걷는 모습을 자세히 관찰할 기회가 없기 때문이다. 길을 가다 쇼윈도에 비친 자신의 걷는 모습을 종종 볼 때가 있지만 짧은 시간에 그것도 한쪽으로만 봐서는 정확히 알 수 없다.

자신의 걸음걸이를 정확히 관찰하고 확인하기 위해서는 감각이 깨어 있어야 한다. 마치 잠든 사람처럼 생각 없이 흐느적거리며 걷는 게 아니라 걸을 때 내 몸이 어떻게 작동하는지 민감하게 느껴야 한다. 자신의 허리와 골반이 어떻게 움직이는지, 두 팔은 앞뒤로 제대로 움직이는지, 고관절과 무릎, 발목은 이상 없이 잘 움직이는지, 발바닥은 지면과 어떻게 마찰하고 있는지 등을 인지하며 걸어야 자신의 걸음걸이를 알 수 있다. 물론 전문가의 도움을 받거나 영상을 촬영하는 방법도 좋다.

힘없이 축 처진 모습으로 터벅터벅 떠밀리듯 걷고 있다면 오늘부터 빠르고 경쾌하며 힘 있게 걷는 '액티브 워킹'을 시작해보자. 왜 액티브 워킹을 해야 하는지, 어떻게 걸어야 하는지 그 여정을 하나하나 따라가다 보면 한결 건강하고 젊어진 나를 만나게 될 것이다.

내 발이 게으르다고?

원시인은 맨발로 산과 들을 뛰어다녔다. 그만큼 발바닥에 닿는 감각 자극이 다양하고 많았다. 그러다 보니 감각 신경의 예민도가 높아져 잘 걸을 수 있고, 잘 달릴 수 있었다. 인체의 순환 기능도 활발해 성인병이란 건 찾아볼 수 없었다. 우리 어릴 때를 생각해보자. 평평하지 않은 뒷동산을 오르고 온 동네를 뛰어다니며 노는 게 일이었다. 하지만 성장하면서 아이들은 학교에서, 어른들은 회사에서 하루 종일 앉아서 지낸다. 걷거나 뛰면서 발이 자연스럽게 받아야 할 자극을 받지 못한다. 자극이 감소하면 감각은 점점 무뎌진다. 그렇게 자극 없는, 감각 없는 '게으른 발'이 되어간다.

진짜 문제는 여기에서부터 시작된다. 게으른 발이 내 몸을 공격할 수 있다는 사실을 알면 절대 그냥 앉아 있을 수만은 없을 것이다.

건강 문제의 절반은 게으른 발 때문이다

　우리나라 사람들이 하루에 앉아 있는 시간은 11시간 30분으로, 세계 1위다. 참고로 미국인은 8시간 30분에서 9시간 정도다. 이렇게 오랫동안 한자리에 앉아 있으면 우리 발은 자연스럽게 받아야 할 자극을 받지 못한다. 즉 걷기라는 아주 중요한 운동 자극을 받지 못한 채 생활하고 있는 것이다. 걷더라도 기는 듯 걷고, 녹이 슨 듯 걷는 보행이 나오는 근본적인 이유다. 문제는 이토록 게을러진 발을 스스로 느끼면서도 이것이 내 몸에 어떤 영향을 주는지 인지하지 못한다는 데 있다.

　바르게 걷는 사람들의 자세를 한번 보자. 한 발이 앞서 나간 후에 다음 발이 앞발보다 더 멀리 앞으로 지나가면서 자연스럽게 11자를 그리며 걷는다. 그러나 보행이 좋지 않은 사람들은 다리를 벌린 채 걷는다. 움직일 때 두 다리 사이가 넓어야 넘어지지 않을 것 같은 느낌에 균형을 잡기 위해 다리를 벌리고 걷는 것이다. 반대로 보행에 자신 있는 사람들은 어깨를 펴고 시선을 멀리 던지며 앞으로 착착 걸어 나간다.

　하지만 나이가 들면서 이런 보행은 점점 사라진다. 걷기 부족으로 발이 게을러지면서 기능적 퇴화가 일어나고 근육이 소실되며, 관절에 질환이 생겨 '녹슨 보행'이 나타난다. 마치 운동장에 세워진 오래

21

된 철제 놀이기구와 비슷하다. 시간이 지나면서 녹이 슬어 잘 안 돌아가고, 삑삑 소리가 나며 균형이 틀어지는 것처럼 말이다. 사람도 나이가 들고 관리가 부족하면 녹이 슨다. 그러면 예전의 젊은 걸음을 되찾기가 쉽지 않다.

잘못된 걸음걸이,
부족한 걷기가 야기하는 문제

다시 '녹이 슨다'는 말에 주목해보자. 몸을 기계에 비유했을 때 녹이 슨다는 건 기능이 무뎌지고 제대로 작동할 수 없다는 뜻이다. 그냥 서 있을 때조차 내 골반이, 허리가, 무릎이 제자리를 지키지 못하고 자꾸 무너지는 상태를 의미한다. 스트레칭 한 번 하지 않고 몇 시간 동안 앉아 컴퓨터 작업을 한다고 생각해보자. 처음에는 몸의 정렬 상태가 곧고 바르지만 시간이 지나면서 점점 비뚤어지게 된다. 몸은 그 상태로 계속 버티다 결국 적응하면서 등이 구부정해지거나 골반 한쪽이 처지는 등 병적인 상태로 변한다. 자극에 무뎌지면서 감각이 사라진 몸으로 변화해가는 것이다.

문제는 이렇게 망가진 몸으로 걸으면 몸의 문제가 보행에 고스란히 나타난다는 사실이다. 게으른 발이 내 몸을 공격하는 것이다. 길을 걷다 보면 자기도 모르는 사이에 몸을 살짝 옆으로 튼 채 걷거나,

다리를 절거나, 발목이나 무릎이 흔들리는 사람들을 흔히 목격할 수 있다. 이는 운동을 멀리해서라기보다 실제 발을 움직여 이동할 일이 없는 현대인의 생활 패턴 탓이 크다. 일부러라도 시간을 내서 걸어 다녀야 한다. 그래야 게으른 발이 되는 것을 막고 건강을 지킬 수 있다.

온몸의 혈액 전달자
발이 녹슬면 순환과 대사가 막힌다

보행은 달리기와 다르다. 두 발로 토끼처럼 뛰는 행위가 아니다. 양발이 동시에 땅에 닿는 순간도 있지만, 왼발이 앞으로 나아갈 때는 오른발 한 발로 버티게 된다. 사실 우리가 별다른 어려움 없이 걷기 때문에 의식하지 못하지만, 우리 발바닥에는 센서 역할을 하는 수많은 신경세포가 존재하며 서로 끊임없이 신호를 주고받는다. 내가 몸의 중심을 어디로 이동하는지 무의식적 혹은 의식적으로 계속해서 뇌에 신호를 전달한다. 그로 인해 우리는 물 흐르듯 자연스러운 보행이 가능하다.

그런데 정기적이고 규칙적으로 운동을 하는 사람은 전체 인구의 30%밖에 되지 않는다. 현대인은 지나칠 정도로 움직임이 적다. 특히 우리나라 사람들은 앉아서 일하는 시간이 길어 발의 신경세포가 눈에 띄게 무뎌지고 있다. 다들 알다시피 발은 인체의 순환 기능에서 매우 중요한 역할을 담당한다. 이런 이유로 걷기가 부족하면 신체 움직임이 적어져 대사량이 줄고, 신체 순환에도 문제가 생긴다.

'한 발 서기'로 알아보는
신체 나이

❶ 바르게 서서 두 눈을 감는다.

❷ 한 발은 무릎을 구부려 지면에서 15cm 높이로 들고, 서 있는 발은 무릎을 곧게 편다. 이때 두 손은 허리에 댄다.

❸ 자세가 무너질 때까지 걸리는 시간을 측정한다.

❹ 3회 측정한 후 평균치를 기록한다.

영국 스포츠의학저널BMJ of Sports Medicine에 게재된 브라질 연구진의 논문에 따르면, 한 발 서기를 10초 동안 할 수 없으면 잘하는 사람보다 7년 내 어떤 이유로든 사망할 위험이 84% 높은 것으로 나타났다. 당신은 몇 초 동안 서 있을 수 있는가? 25초 이상이라면 20~30대다. 50대 이상이어도 10초 이상은 버텨야 한다. 통상 60대라면 평균 9초 이하다.

첫돌부터 걸었는데
이제 와서 다시 걷기 연습이라니

우리 몸 가장 낮은 곳에 위치해 그 가치를 오랫동안 무시당했지만, 발은 사실 아주 정교하고 예술적이기까지 한 모습과 기능을 갖추고 있다. 우선 발에는 26개(양쪽 52개)의 뼈가 있다. 이는 약 206개의 뼈로 구성된 인체 뼈의 25% 수준이다. 발은 한쪽당 33개의 관절, 34개의 근육, 112개의 인대로 구성되어 있다. 인체를 지지하고, 걷거나 뛸 때 수백 톤씩 가해지는 압력을 묵묵히 견디며 몸으로 충격이 전해지는 걸 막는다. 이처럼 정밀한 해부학적 구조가 흐트러지면 걷는 데 문제가 생긴다. 제대로 걸으려면 다시 걷기를 배워야 한다고 말하는 이유다.

발은 인체에서 가장 민감한 센서다

발은 수많은 모세혈관과 말초신경이 분포되어 있는 전신 근육의 센서다. 발 이곳저곳은 인체의 모든 지점과 촘촘하게 연결되어 있다. 엄지발가락은 뇌를 비롯한 내분비, 신경계통과 발 옆면은 어깨, 무릎, 둔부와 발 안쪽은 척추, 신경과 연결된다. 또 발바닥 중간 부위는 소화계통과 비뇨기계를 주관하는 신장과 관련 있고, 발 앞꿈치의 세 번째 발가락과 네 번째 발가락 라인은 심폐기관과 연결 짓는다. 새끼발가락과 이어지는 발바닥 외측 라인은 간과 상지의 어깨 부위와 연결성을 갖는다. 따라서 발에 이상이 생기면 몸에 문제가 발생했다는 것을 의미한다. 엄지발가락에 이상이 보이면 치매와 파킨슨

증상별 의심 질환

◦ 발가락 관절에 통증이 나타났다면 → 작은 관절에 생기는 류머티즘성 관절염
◦ 엄지발가락이 부어올랐다면 → 초기 통풍
◦ 발이 무감각하거나 궤양이 생겼다면 → 당뇨
◦ 볼록 올라온 곤봉형 발톱이라면 → 심혈관계 또는 폐질환
◦ 유난히 발이 차다면 → 갑상선 기능의 저하
◦ 발가락에 털이 없다면 → 혈액순환 장애로 인한 하지동맥질환
◦ 발톱이 두꺼워졌다면 → 건선(만성 염증성 피부병)

병 등을 의심해볼 수 있다. 특히 발바닥과 발가락 주변에 생긴 굳은살은 당뇨가 나타날 수 있는 증상으로 간주한다.

내 발은 걸을 준비가 되어 있을까?

발이 우리 몸을 완벽히 받치면서 안전하게 걸을 수 있는 건 바로 발바닥에 있는 아치 덕분이다. 발아치가 하는 일은 많다. 몸의 균형을 잡고 체중을 지탱해주며, 걷기와 뛰기 등 여러 움직임에서 오는 충격을 흡수해 우리 몸의 뼈와 관절, 인대를 보호한다. 100m를 순식간에 재빨리 뛰게 하는 힘도 아치에서 나온다.

발은 내측 세로궁, 외측 세로궁, 전족부 가로궁, 중족부 가로궁 총 4개의 아치로 구성되어 있다. 그 상태에 따라 정상발과 평발, 오목발(요족 : 발아치가 보통의 경우보다 더 오목하게 들어가서 발등이 위로 볼록하게 올라온 발)로 나뉘는데, 평발과 오목발이 문제가 된다.

우선 평발은 아치가 낮거나 없는 상태를 말한다. 충격을 완화하는 아치가 없어 발, 발목, 다리, 골반, 척추 등 뼈의 정렬에 변화가 일어난다. 발목의 고정 상태가 불안정해져 쉽게 피로해지고 손상 역시 잘 발생한다.

평발과 반대로 오목발은 아치와 발등이 너무 높은 상태다. 발바닥 중 바닥과 닿지 않는 면이 있어 발의 충격을 흡수하는 기능이 떨어지고, 발바닥에 통증이 나타난다. 굳은살도 잘 생긴다. 아치가 정상적이지 못하면 발목의 관절 각도, 무릎, 골반, 허리, 목 등 몸의 중심축 균형이 무너져 보행이 불안정해지고, 외부 충격으로 인해 발에 족저근막증 같은 염증이 쉽게 발생한다.

평발이나 오목발은 선천적인 경우가 많지만, 바닥이 딱딱한 신발이나 하이힐을 자주 신어 발아치를 제대로 관리하지 않았을 때 생기기도 한다. 조금만 걸어도 발바닥 가운데가 콕콕 쑤시거나 피곤한 느낌이 강하게 든다면 발아치가 무너진 건 아닌지 살펴보자. 발아치가 무너졌는데 내버려두면 다리 근육 전체에 영향을 미쳐 전신 건강을 약화시킬 수 있다. 평소 내 발에 잘 맞는 부드러운 신발을 착용하고, 너무 딱딱한 신발을 신고 걷는 일은 되도록 피한다. 족욕과 발 마사지로 발의 긴장과 피로를 풀어주는 것도 도움이 된다.

액티브 워킹을 위한 보행 엑스레이가 필요하다

젊고 활기찬 걸음걸이를 위해 발 상태를 먼저 점검할 필요가 있다. 간단한 테스트를 통해 내 발의 신경이 얼마나 살아 있는지 점검해보고, 발 스캐너로 보행 습관을 분석해보자.

벽에 손 짚고 발뒤꿈치 들기

벽에 손을 짚고 발뒤꿈치를 드는 동작만으로도 내가 발을 바르게 쓰고 있는 지 확인할 수 있다. 발뒤꿈치를 들었을 때 발뒤꿈치가 몸 안쪽으로 싹 올라와 야 한다. 꽈배기처럼 발이 꼬일 수 있어야 건강한 발이다.

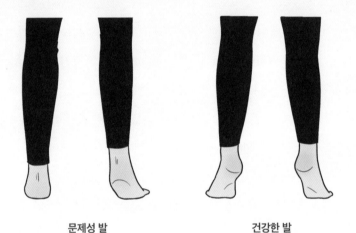

문제성 발   건강한 발

30초간 발뒤꿈치 들었다 내리기

발뒤꿈치를 30초 동안 빠르게 들었다 내리면서 몇 개 할 수 있는지 측정한다.
20대는 평균 37개 내외, 40~50대는 25개가 평균이다.

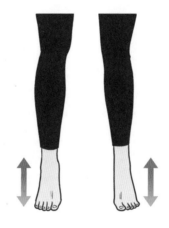

발 스캐너로 보행 습관 점검하기

'지면반력기'라고도 부르는 발 스캐너는 8,000개가 넘는 센서로 만들어진 특수 매트를 밟고 지나가는 동안 발이 지면에 닿는 시간을 체크하는 기기다. 동시에 양발이 머무는 시간과 발이 진행하는 방향을 체크하면서 압력 중심이 제대로 나아가고 있는지 확인한다.

우선 보행 전 정적인 상태에서 균형 정도를 측정한다. 그런 다음 걸으면서, 즉 동적인 상태에서 발의 압력 중심이 이동하는 것을 바탕으로 걸음걸이의 상태를 확인한다.

측정 장비는 기본적으로 상하좌우, 4개의 영역으로 구성되어 있다. 왼발의 앞쪽과 뒤축, 오른발의 앞쪽과 뒤축이 각각 균등한 압력을 갖고 있어야 좋다. 각 비율이 25%일 때 이상적이지만 작은 오차는 있을 수 있다. 개개인의 몸 상태에 따라 무게중심은 어느 한쪽으로 쏠리기도 하는데, 다리 길이를 비롯한 신체적인 대칭의 유무와 근육의 발달 정도, 걷기 습관 등 여러 요인이 작용한다. 예를 들어 몸의 앞쪽으로 중심이 쏠린 사람은 발가락에 힘이 많이 들어가고, 뒤쪽으로 몸의 중심이 쏠린 사람은 뒤꿈치에 힘이 많이 들어가는 것으로 체크된다. 발 스캐너에 나타나는 테스트 결과를 통해 척추측만이나 골반 불균형 등 우리 몸의 정확한 상태를 확인할 수 있다.

많은 선진국에서는 원격 의료의 중요한 수단으로 발 스캐너를 사용하고 있다. 허리나 무릎 등의 수술 전후에 상태를 체크하는 도구로도 사용된다.

발 스캐너로 찍은 발 모습

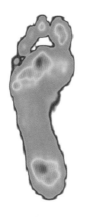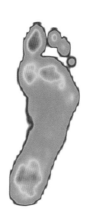

- 개인의 보행 패턴을 체크한다. 발이 진행하는 방향과 압력 중심의 이동선을 체크한다.
- 압력이 높은 지점은 빨간색, 낮은 지점은 파란색으로 표시된다. 압력이 한쪽으로 쏠리는지, 몸을 비대칭적으로 사용하는지 여부도 판별 가능하다.
- 발의 유연성 확인이 가능하다.
- 결과 그래프가 깨끗하지 않고 지저분하다면 뇌가 걸음걸이를 잘 통제하지 못하는 상태임을 의미한다. 이로 인해 발생할 가능성이 높은 낙상 사고 등을 예방하고, 뇌병변 등의 질병을 조기 진단하는 데 사용한다.

바이든처럼 걷지 말고
오바마처럼 걸어라!

2015년에 개봉한 영화 〈미션 임파서블 : 로그네이션〉에는 걸음걸이로 사람을 인식하고 구별하는 장면이 나온다. 지문도 아니고, 홍채도 아니고, 걸음걸이 인식 기술이라니 정말 놀라운 이야기다.

이것이 가능한 이유는 모든 사람은 걷는 모습이 다르기 때문이다. 따라서 리듬, 속도, 보폭 등 그 사람만의 고유한 걸음걸이 특징을 파악하면 누군지 인식할 수 있다. 걸을 때 나타나는 사람의 머리축, 어깨축, 골반축, 무릎축의 행동 특성을 수집해 그 정보로 함숫값을 만들어 테러범을 추적한 사례도 있을 만큼 걸음걸이 관련 연구가 빠르게 발전하고 있다.

걸음걸이가 당신에 대해 말해주는 것들

걸음걸이는 그 사람에 대해 많은 것을 말해준다. 건강한지 병약한지, 기분이 우울한지 즐거운지, 성격이 명랑한지 소심한지, 나이는 얼마나 되는지 등 생각보다 많은 정보를 노출시킨다.

건강한 사람은 발걸음이 가벼워 뛰듯이 경중경중 걷는 사람이 많다. 병이 들거나 우울한 사람은 어깨가 처지고 고개가 숙여지며 발걸음이 앞으로 나아가지 않는다. 나이가 들면 일반적으로 걷는 속도가 느려진다. 발을 앞으로 내뻗는 힘도 줄어들어 자연스레 보폭이 좁아진다. 특히 50대 이후 체중을 이기지 못하고 발바닥의 아치가 무너지는 기능성 평발이 나타나기도 한다. 평발이 되면 발이 내려앉으면서 발목이 휘청거린다. 노화가 더 진행되면 뇌 기능이 떨어지면서 앞뒤로 팔을 흔드는 폭이 줄어들고 상체를 앞으로 숙이는 경향이 나타난다.

우리가 흔히 '공인'이라고 말하는 사회 저명인사나 연예인은 걸음걸이에 신경을 많이 쓴다. 특히 배우들은 새로운 캐릭터를 맡을 때마다 역할에 맞춰 말투는 물론 걸음걸이까지 완전히 바꾸는 것을 볼 수 있다. 그만큼 걸음걸이가 개인에 대해 담고 있는 정보가 많다는 뜻이다.

멋진 걸음걸이로 주목받은 오바마 부부

미국의 전 대통령 버락 오바마와 그의 부인 미셸 오바마는 멋진 걸음걸이로 취임 당시부터 세계적인 주목을 받았다. 자신감 있고 시원시원한 걸음걸이는 카리스마 넘치는 미소와 잘 부합되었으며, 실제 그들의 정치적 행보와도 맞닿아 있다. 경쾌하게 앞발을 내디디며 걷는 모습은 원하는 곳 어디든 갈 수 있을 것처럼 보여 국민적인 지지를 이끌어냈다.

반면 바이든 대통령은 작은 보폭으로 총총 걷는다. 물론 나이가 많은 탓도 있지만, 뒷발로만 걸어 질질 끄는 듯한 느낌을 준다. 종종거리며 걷는 노인들의 걸음걸이를 그대로 보여주기 때문일까. 리더로서 패기가 부족해 보인다는 지적이 많다.

젊고 활기찬 걸음걸이로 주목받는 또 다른 리더는 프랑스 대통령 마크롱이다. 영국 엘리자베스 2세 여왕의 장례식 조문을 위해 영국 방문 당시 운동화를 신은 마크롱 부부의 모습이 세계의 이목을 집중시킨 바 있다. 마크롱 대통령의 액티브한 걸음걸이와 거침없는 행보가 프랑스의 미래를 보여주는 듯하다는 평가를 받았다.

리더의 걸음걸이는 어떻게 다를까?

언론은 항상 정치계와 경제계 리더들의 걸음걸이에 주목한다. 특히 나이가 많거나 지병이 있는 경우 걸음걸이가 건강의 척도가 될 수 있기 때문이다.

몇 년 전, 중국 시진핑 국가주석이 프랑스를 방문해 마크롱 대통령과 함께 의장대를 사열할 때 걸음걸이가 어색하다며 건강에 문제가 생긴 것 아니냐는 뉴스로 떠들썩한 적이 있었다. 몇 달 전에는 러시아 푸틴 대통령의 걸음걸이에서 이상 징후가 포착되었다는 뉴스가 연이어 전해지기도 했다. 보폭이 좁아지고 걸음걸이가 눈에 띄게 느려졌으며, 왼쪽 팔만 앞뒤로 흔들고 오른쪽 팔은 어색하게 몸에 붙이고 있는 모습을 보여 언론이 촉각을 곤두세웠다.

리더들의 건강은 국제 정세에 중대한 영향을 미칠 수 있다. 멀리서 카메라에 포착된 걸음걸이만으로도 온갖 뉴스가 파생될 정도로 의미 있는 신호다.

평소에는 멀쩡한데
걷기 시작하면 아픈 사람들

걷기는 삶에 활력을 더하는 더없이 좋은 운동이지만 무리하거나 잘못된 방법으로 걸으면 오히려 통증을 얻을 수 있다. 특히 질병이나 부상 경험이 있는 사람은 몸과 마음을 동시에 회복하는 과정을 거쳐야 자연스럽고 건강한 보행을 되찾을 수 있다.

건강을 위해 걷는데 걷기 때문에 통증이 찾아온다면 문제가 무엇인지 파악하는 게 우선이다. 내 몸을 먼저 알고 그 뒤에 내게 맞는 걷기를 찾아야 한다.

부상과 함께 자신감을 잃어버린 사람들

운동을 하다가 부상을 입은 경험이 있거나 무릎 등의 부위를 수술

한 사람들은 걷는 데 두려움을 느낀다. 건강과 함께 자신감을 잃어버린 것이다. 그런데 이 자신감이란 게 몸을 사용하는 데 매우 중요한 역할을 한다. 다시 쉽게 말하면, 자신감이 없으면 몸이 긴장하게 되고 연쇄적으로 근육과 관절이 경직된다. 경직되면 움직임이 자연스러울 수 없다. 긴장한 상태에서 어색하게 걷기 때문에 발이 꼬이거나 보폭 조절에 실패해 넘어지거나 부상을 당할 위험이 높아진다. 그러다 보니 걸을 생각만 해도 겁이 나는 것이다.

이런 사람들은 다시 제대로 된 걸음걸이를 되찾을 수 있도록 재활하는 과정이 필요하다. 처음 걸음마를 배울 때처럼 보행 시 힘을 빼고 천천히 걸어야 한다. 과거 건강하던 때처럼 가볍게 움직이면서 '이 정도는 괜찮네!', '음~ 나도 걸을 수 있어!'라고 생각하며 점차 가동 범위를 넓히는 연습을 하면 도움이 된다.

이미 굳어진 몸 상태에 맞춰 통증이 느껴지지 않는 쪽으로만 움직이면 몸은 더 망가진다. 보상작용에 기대지 말고 본래의 자연스러운 걸음을 되찾는 데 집중해야 한다. 전문가의 조언에 따라 자신의 상태에 맞는 보행 패턴을 만들어 움직이다 보면 보행 기능이 차츰 개선될 것이다.

운동량이 너무 많거나 잘못된 방법으로 걷는 사람들

우선 바르게 걸어야 한다. 두 발은 11자 걸음 자세를 유지하는데, 자세가 정확할수록 좋다. 굽어진 어깨를 최대한 뒤로 당기고 가슴은 활짝 편다. 복부와 엉덩이에 힘을 주고 시선은 5~10m가량 전방을 향한다. 턱은 당기고 팔은 자연스럽게 앞뒤로 흔든다. 걸을 때 발은 발뒤꿈치, 발바닥 중앙, 발가락 끝 순으로 지면에 닿도록 한다.

다음으로 절대 무리하게 걸어선 안 된다. 1만 보, 2만 보처럼 의미도 없는 숫자를 채우려고 무리해서 걷다 보면 오히려 피로가 쌓이거나 부상을 입을 수 있다. 다음 날 걷기 위해 나가는 게 두려워질 수도 있다. 단기간에 살을 뺄 욕심이나 경쟁도 무의미하다. 특히 기초체력이 떨어져 있는 경우 짧게 걷기 시작해서 서서히 시간을 늘려가는 방식이 좋다. 중요한 건 날마다 꾸준히 반복해 걷는 것이다. 몸도 운동에 적응하는 과정이 필요하기 때문이다. 몸이 운동에 적응해야 성과도 나타난다.

부상이 없었는데 걸을 때 통증이 나타난다면

별다른 부상을 입지도 않았는데 걷기만 하면 통증을 느끼는 사람들이 있다. 왜 그럴까? 평소에는 아무 이상이 없어 보이는데 마음먹고 걸으면 아픈 이유는 뭘까? 이런 사람들은 자신도 모르는 특정 질환을 가진 경우가 많다.

만성 발목 불안정성

발 부위에 생기는 가장 흔한 질환으로, 갑작스런 움직임 등으로 인대가 지나치게 늘어나면서 일반적으로 국소 염증과 발목관절의 불안정성이 유발된다. 통증, 발목 주변의 약화, 발목의 움직임 범위 감소, 초기 발목 염좌 후 1년 이상 지속되는 재발성 발목 염좌 등이 주요 증상이다. 인대가 늘어나 완전히 파열되면 문제는 더 심각해진다. 반복적으로 염좌가 발생하는 이유는 완전히 치료되기 전에 너무 일찍 일상 활동을 시작하거나, 재활 훈련을 하지 않았을 가능성이 크다. 한 번 발생했을 때 충분한 치료와 꾸준한 근신경적 트레이닝 등이 필요하다.

무지외반증

엄지발가락과 발 앞쪽이 아프면 무지외반증일 가능성이 크다. 발이 바닥에 닿는 순간 통증이 느껴지는지, 엄지발가락이 두 번째 발가락 방향으로 휘어 있는지 관찰한다. 평발이나 낮은 아치 등 선천적인 요인도 있지만 굽이 너무 높은 신발, 반대로 굽이 너무 낮은 신발, 밑창이 딱딱한 신발 착용에 따른 후천적 원인도 무지외반증을 만들

수 있다. 발가락을 좁은 신발 속에 구부려 넣는 일이 반복되면서 발 모양에 변형이 오는 경우도 많다.

족저근막증

장기적으로 발바닥에 찌릿한 통증이 느껴진다면 족저근막증을 의심해보자. 뒤꿈치부터 발바닥까지 연결된 족저근막에 염증이 생긴 후 지속적으로 손상을 입어 통증이 발생한 경우다. 발아치가 높거나 혹은 평발인 사람에게 자주 발생한다. 족저근막은 수면 중에 뻣뻣해지기 때문에 아침에 일어났을 때 뒤꿈치나 아치 부분에 통증이 느껴지면 족저근막증일 가능성이 높다. 발을 디디면 뒤꿈치 안쪽에 심한 통증이 오는데, 충격을 흡수하는 발바닥 족저근이 손상되었기 때문이다. 심하면 발을 디딜 때뿐 아니라 평소에도 뒤꿈치 통증이 느껴진다. 딱딱한 신발을 자주 신거나 근육과 인대에 긴장이 많이 생기는 겨울철에 주로 발생한다.

아킬레스건병증

발목 뒤쪽으로 부기와 통증이 느껴지면 아킬레스건병증일 가능성이 높다. 뒤꿈치로 이어져 내려오는 종아리 근육인 하퇴삼두근을 무리하게 사용했을 때 미세한 균열이 생기면서 발생하는 통증이다. 특히 규칙적으로 달리거나 걷는 사람들이 다치기 쉬운 부위다. 오래 걸어 피로가 쌓였을 때, 무절제하거나 잘못된 방법으로 운동할 때 주로 발생한다. 발에 적합하지 않은 신발, 평발 혹은 오목발도 원인이 된다. 초기에 치료하지 않으면 만성이 되기 쉬우므로 발생 초기에는 활동을 줄여 아킬레스건을 쉬게 해야 한다.

모든 통증에는 반드시 원인이 있다

무리하지 않은 것 같은데 운동 후 통증이 느껴지는 경우가 있다. 이때도 분명 통증의 원인이 있다. 골반과 척추 그리고 무릎관절은 정렬 상태를 유지하면서 걸어야 효율적으로 오래 걸을 수 있다. 몸의 균형이 깨져 있거나 혹은 움직임 패턴이 정상적이지 않을 때 걸으면 문제가 발생한다.

운동 중 관절이나 근육 부위에 불편감이나 통증이 나타난다면 잠시 멈추고, 스트레칭이나 근막 이완을 통해 안정화시켜야 한다. 특히 무릎관절이 아프다면 걷기를 멈추고 주변 관절인 골반, 고관절, 발목을 불편함이 없는 범위 내에서 움직여 경직을 풀어주어야 한다. 그런 다음 다시 걸어야 운동으로 인한 통증과 부상을 미연에 방지할 수 있다.

걸음걸이로 들여다보는
내 몸속의 진실

걸음걸이는 지금 내 몸속에서 어떤 일이 벌어지고 있는지 보여주는 해부학적 자료나 다름없다. 거울을 보면서 혹은 스마트폰으로 자신의 걸음걸이를 찍어 현재의 보행 상태를 살펴보자. 이때 다른 사람의 도움을 받아 수직과 수평에 유념해 촬영하는 것이 좋다. 왜곡이 생기지 않는 각도에서 전후좌우 그리고 위에서 모두 찍어 확인해야 보다 유효한 자료를 얻을 수 있다.

자신이 걸을 때 팔다리는 어떻게 움직이는지, 좌우가 불균형하지는 않은지, 머리와 체간의 위치는 바른지 등을 꼼꼼하게 체크한다. 멀쩡히 잘 걷는다고 생각했던 걸음걸이가 사방에서 살펴보니 사실은 고개를 갸웃거릴 만큼 이상하다는 것을 발견할 수도 있다.

걷는 자세로 알아보기

상체를 앞으로 구부정하게 숙인 채 걷는다

걸을 때 체간을 앞으로 숙인 채 구부정한 모습으로 걷는 사람이 많다. 의자에 앉아 있는 시간이 길어지면서 골반 앞쪽 근육이 뻣뻣해지고 경직된 것이 주원인이다. 추진력을 내려면 발을 내디딜 때 체간이 도와야 앞으로 나아갈 수 있는데, 골반 앞쪽 근육인 장요근이 경직되면서 짧아져 자연스럽게 상체를 앞으로 숙이는 것이다. 또 복근이 약해져도 허리에 힘이 없어 구부정하게 걷게 된다. 40대가 넘으면 근육이 급격히 감소하는데 한 부위가 아니라 전신, 특히 그중에서도 하체 근육이 많이 빠진다. 연구 결과에 따르면 1년에 약 250~350g의 근육이 소실된다. 10년이면 3.5kg의 양이다. 이처럼 하체의 근육이 빠져 지탱하는 힘이 부족해도 구부정한 자세가 된다.

그런데 이렇게 걸을 때마다 몸통이 필요 이상으로 숙여지면 척추에 무리가 가고, 척추를 바로잡기 위해 허리 주변의 근육이 힘을 써 과도한 긴장 상태에 놓이게 된다. 이는 지속적으로 허리에 부담을 주게 된다. 구부정한 걸음걸이는 등이 굽고 어깨가 앞으로 당겨져 허리, 등, 어깨, 목 등에 통증을 가져온다. 습관이 되면 연쇄적인 체형 변형을 야기한다. 따라서 평소 근육의 긴장을 풀고 어깨를 뒤로 젖히는 스트레칭을 자주 하는 게 좋다.

상체가 뒤로 젖혀진 상태로 걷는다

복부가 약화하거나 엉덩이 근육을 제대로 쓰지 못할 경우 허리 주변 근육이 과하게 긴장하면서 상체를 뒤로 젖히며 걷게 된다. 이런 걸음걸이를 갖고 있는 사람은 걸으면 걸을수록 허리가 아프다. 척추 건강을 해칠 수 있는 보행 습관이기 때문에 바로 교정해 올바르게 걸을 수 있는 움직임을 익혀야 한다.

발을 질질 끌면서 걷는다

기는 듯이 걷는 사람들의 대표적인 보행 습관이다. 이런 사람들은 걷는 속도가 현저히 느릴 뿐 아니라 미관상으로도 보기 좋지 않다. 만약 60세 이상의 고령자가 이런 걸음을 보인다면 자기도 모르는 사이에 경미한 파킨슨병을 앓고 있을 가능성도 있다.

이러한 걸음걸이 대부분은 평발인 경우가 많다. 발아치가 너무 낮아 근력과 균형감각에 이상이 생기고, 발을 안정적으로 내딛기가 어려워 결국 발을 끌면서 전진하는 형태를 보인다. 복사뼈의 상하 움직임과 무릎을 들 때의 각도, 발목을 접어 올리는 각도 모두 정상 범위에서 벗어나 있어 걸을 때 균형을 유지할 수 없고, 한쪽 다리로 서면 넘어질 것 같아 두 발을 모두 바닥에 닿는 방식으로 걷게 된다.

이렇게 걷다 보면 허벅지 뒤쪽과 엉덩이 근육이 팽팽하게 긴장된 상태가 지속되고, 종아리 깊숙이 자리한 후경골근과 발바닥 내재근이 무력해진다. 그러면 보상작용으로 몸은 종아리와 허벅지 바깥쪽에 있는 근육을 과도하게 사용하면서 통증이 수반된다.

건들거리며 걷는다

건들건들 걷는 자세는 다소 건방져 보인다는 오해를 불러일으킬수 있는데, 이 걸음걸이에도 아픔이 숨겨져 있다. 습관적으로 다리를 꼬고 앉거나 바지 뒷주머니에 지갑이나 핸드폰 등을 넣고 다니는 습관, 외상 등에 의해 골반이 틀어질 때 주로 나타난다. 두 다리의 길이가 서로 다른 하지부동도 원인으로 꼽을 수 있다. 인체는 골반이 제자리에서 버텨줘야 제대로 힘을 쓸 수 있는데, 골반이 틀어져 몸의 균형이 무너지면 걸음걸이가 건들거리거나 자꾸 비틀거리게 된다. 고관절 벌림근 중 하나인 중둔근이 무기력해지는 것도 원인이다. 중둔근은 걸을 때 양쪽 엉덩이 근육에 번갈아 작용하면서 골반의 균형을 유지하는데 무기력해지면 몸을 지탱하는 힘이 약해져 건들거리는 걸음걸이가 나타나게 된다.

걸을 때 몸이 앞뒤로 흔들린다

술을 마신 것도 아닌데 걸을 때 몸이 앞뒤로 흔들린다면 뇌와 관련한 질환을 의심해봐야 한다. 만약 운동선수가 이런 걸음걸이를 보인다면 인대 손상, 무릎 연골 손상 등에 의한 것일 수 있으므로 정확한 진단이 필요하다. 팔을 힘없이 크게 흔드는 경우에도 몸이 흔들리는 것처럼 보일 수 있으니 주의해 관찰해보자.

한쪽 다리를 절뚝거리며 걷는다

걸을 때 눈에 띄게 절뚝거리는 걸음걸이는 외상이 원인일 수 있다. 무릎이나 발목을 다치지 않았는데 기우뚱거린다면 퇴행성 골관절염을 의심해봐야 한다. 평소 한쪽 다리를 반대쪽 다리보다 자주 사용한다면 관절염 여부를 자주 체크해보는 것이 좋다.

높은 구두를 자주 신는 여성이라면 구두 굽이 불균형하게 닳지 않았는지 점검해본다. 배우 마릴린 먼로는 영화 〈나이아가라Niagara〉에서 엉덩이를 흔드는 섹시한 걸음걸이를 만들기 위해 오른쪽 구두 굽의 끝을 잘라 '먼로워크Monroe Walk'를 탄생시키기도 했다. 하지만 건강 측면에서 보면 위험천만한 일이다.

부위별 문제로 알아보기

골반을 비뚤거린다

골반 앞쪽 근육이 너무 뻣뻣해 발을 앞으로 내딛는 힘이 모자라고, 엉덩이 근육과 주변 근육이 약해져 골반이 불안정하게 뒤틀렸을 때 나타나는 걸음걸이다. 골반을 끌어당기면 척추는 들린 골반의 반대 방향으로 움직인다. 동시에 발바닥과 발뒤꿈치에 훨씬 더 큰 힘을 주게 된다. 이런 보행 습관이 굳어지면 족저근막증 같은 질환이 생긴다. 즉 발바닥이 아프고 아침에 일어났을 때 뻣뻣한 증상을 보인다.

문제는 발이 바닥에 끌리면서 불편한 느낌에 골반을 더 들어 올리게 된다는 것이다. 이때 발에 닿는 충격량이 커지는 건 당연하다.

당뇨가 와서 발끝 예민도가 떨어진 경우에도 걸을 때 골반을 비뚤거린다. 이런 식으로 계속 발에 충격을 주면서 걸으면 여러 기능적 문제를 야기할 수 있다. 특히 발 안쪽으로 충격을 많이 주면 엄지발가락이 두 번째 발가락 쪽으로 과도하게 휘어지는 무지외반증이 나타날 수 있다.

엉덩이를 뒤뚱거린다

허리디스크까지 불러일으킬 수 있는 잘못된 걸음걸이다. 엉덩이를 심하게 뒤뚱거리는, 이른바 '오리걸음'이 문제의 주역이다. 오리걸음은 주로 골반이 앞으로 기울면서 나타나는 증상이다. 허리가 경직되면서 통증이 발생하고, 허리가 뻐근해지면서 엉덩이를 형성하는 둔근이 딱딱하게 굳는 느낌이 든다. 평소 하이힐을 자주 신는 여성에게 발생하기 쉽다.

이런 걸음걸이가 계속되면 엉덩이 위쪽을 과도하게 사용해 허리와 골반, 심지어 목까지 통증이 발생한다.

무릎을 과도하게 구부린다

보행 중 무릎을 과도하게 구부리며 한쪽 다리로만 체중을 오래 지탱하는 사람들이 있다. 이런 보행 습관은 근육이 근신경적으로 둔감하거나 허리가 좋지 않을 때 나타난다. 이 경우 무릎 주변 근육들이 약해진 상태라 계속 걸으면 발의 변형까지 초래할 수 있다. 보행 시 발생하는 충격을 발이 흡수하지 못해 결국 정강이 앞쪽까지 통증이 발생하게 된다.

발뒤꿈치를 든다

감각 이상이나 종아리 뒤쪽 근육의 과도한 긴장으로 인해 발뒤꿈치를 든 상태로 걷는 경우다. 이런 사람들은 하루 종일 발뒤꿈치를 들고 다니기 때문에 종아리 뒤쪽에 통증이 생길 수밖에 없다. 일명 '까치발'이라고 하는 걸음걸이다. 6세 이전 어린아이에게 자주 나타나는데, 아이가 신경장애나 뇌병변장애가 없다면 나중에 저절로 좋아지므로 크게 걱정하지 않아도 된다. 하지만 성인이 이런 걸음걸이를 보인다면 자폐나 근육의 문제 혹은 아킬레스건의 이상을 의심해봐야 한다. 신체 근육을 제대로 쓰기 힘든 뇌성마비나 근육위축증을 앓고 있을 가능성도 있다. 아킬레스건이 짧은 경우에도 발뒤꿈치를 바닥에 딛기 어려워 발 앞쪽으로 걷는다.

걸음 모양으로 알아보기

팔자걸음

우리나라 사람들에게서 흔히 나타나는 보행 형태 중 하나다. 팔자걸음은 보행 시 발끝의 각도가 15도 이상 바깥쪽으로 향하는 걸음걸이를 말한다. 정상적인 걸음은 5~7도 정도로, 발끝이 7도 이상 벌어지면 팔자걸음으로 판단한다. 걸을 때 확연히 팔자걸음이 보인다면 이미 발끝이 20도 이상 벌어졌다는 것을 의미한다. 평발과 코어 근육의 근력 부족이 원인이다.

팔자걸음은 척추에 무리를 주고, 골반과 몸통 간의 회전을 크게 일으켜 골반 비대칭을 초래한다. 다리, 엉덩이, 허리 등 몸 곳곳에 만성 통증도 일으킨다. 몸의 중심을 흐트러뜨려 다리관절에 변형을 주고, 척추에 통증과 염증까지 일으킬 수 있어 교정이 꼭 필요하다.

평소 복부에 힘을 주고 머리를 들고 가슴을 펴고 걸으면 팔자걸음을 고치는 데 도움이 된다. 평발이 원인인 경우 교정 깔창만 신발 안에 넣어도 적잖이 개선될 수 있다. 그러므로 족부 클리닉을 방문해 보다 정밀한 검사를 받아보는 것이 바람직하다.

안짱걸음

보행 시 발끝이 바깥쪽이 아닌 살짝 안쪽으로 향하는 걸음걸이다.

'내족지보행'이라고도 하는데, 팔자걸음과 반대 격이다. 유전적인 요인이 가장 크지만, 잘못된 생활습관으로 유발되기도 한다. 주로 아이들이나 여성 혹은 고관절이 안쪽으로 틀어진 이들에게 나타난다. 6세 이전 아이들에게서 흔히 발견되는데, 무릎을 모아 구부려 앉는 W자 앉기 자세가 주된 이유로 꼽힌다. 아이가 바닥에서 놀 때 W 자세로 앉는다면 조기에 바로잡는 것이 좋다. 특히 어린아이에게 나타나는 안짱걸음은 O자 다리 변형과도 관련이 깊다.

안짱걸음이 계속되면 보행 시 무릎 안쪽 연골이 직접 힘을 받아 통증을 느끼게 된다. 심해지면 다리, 엉덩이, 허리 등 부위에 만성 통증을 일으킨다.

일자걸음

발 앞에 다음 발을 내딛는 일자걸음은 모델들이 무대 위에서 걷는 방식으로, 흔히 '캣워크'라고 부른다. 마치 고양이가 좁은 통로를 지날 때처럼 걷는다는 뜻이다. 이런 방식의 걸음은 맵시를 드러내기에 좋을지 모르나 건강에는 좋지 못하다. 이렇게 걸으면 전체적인 무게중심이 무릎 앞쪽에 실리면서 무릎 내측에 관절염이 생길 수 있다. 심한 경우 다리가 안쪽으로 틀어진다. 일자로 걷는 보행 습관으로 인해 다리가 변형되면 나중에 교정이 힘들 수 있으므로 주의가 필요하다.

학다리 걸음

일반적인 보행의 경우 자연스럽게 무릎이 살짝살짝 구부러지는데, 무릎을 전혀 굽히지 않은 채 보폭을 넓혀서 걷는 사람을 종종 볼 수 있다. 일자걸음과 비슷해 보이지만 무릎을 전혀 구부리지 않는다는 차이가 있다. 이런 식으로 걸으면 종아리에 알이 생기는 것을 방지하고 각선미를 살릴 수 있다는 이유로 한때 일부 젊은 여성들 사이에서 유행했다. 그러나 학다리 걸음은 걸을 때 무릎이 충격을 흡수하지 못해 무릎 연골판이 손상되기 쉽고, 심하면 관절염으로 진행될 수 있다. 또 발목과 발바닥 등에 무리를 주기 때문에 족저근막증이 발생할 가능성도 높다.

옷과 신발로 보는
걸음걸이 진단

어떤 신발을 신고 있는지, 어떤 옷을 입고 있는지에 따라 걸음걸이가 달라진다. 하이힐을 신었을 때와 운동화를 신었을 때의 걸음걸이는 다를 수밖에 없다. 폭이 넓은 긴 바지를 입었을 때와 운동용 반바지를 입었을 때의 걸음걸이 역시 다르다.

또 반대로 신발이나 옷이 걸음걸이를 반영하기도 한다. 신발 바닥이 닳는 모습은 사람마다 다르다는 이야기를 많이 들어봤을 것이다. 실제로 그렇다. 발과 지면이 닿는 신발 바닥은 걸음걸이를 보여주는 가장 직접적인 척도다.

신발굽이 한쪽만 닳는다

신발굽이 어떻게 닳는지 보면 척추 건강이 보인다. 신발굽의 바깥쪽만 유난히 닳았다면 팔자걸음을, 안쪽이 많이 닳았다면 안짱걸음을 의심해볼 수 있다. 또 양말을 신었을 때 한쪽만 심하게 닳는다면 선천적으로 양쪽 다리의 길이가 차이 나거나 후천적으로 자세가 좋지 않아서일 수 있다. 후자라면 척추와 무릎관절, 고관절 등이 잘못된 자세로 틀어진 상태임을 의미한다.

하루 수백 톤의 압력을 견디는 발과 그 발을 보호하는 신발. 우리 몸의 무너진 무게중심이 신발굽에 고스란히 나타나는 것이다. 따라서 단순히 신발만 새로 사고 말 일이 아니다. 신발이 받은 충격의 차이만큼 척추도 그 차이를 감당하고 있다는 사실에 유의해야 한다. 방치하면 몸에 피로가 쌓이고 다리 라인을 망가뜨리며 관절 질환까지 유발할 수 있다.

신발의 발목이 벌어진다

운동화를 벗어놓고 위에서 내려다보자. 발목 부분이 좌우로 벌어져 신발 밑창이 훤히 드러나 있다면 걸을 때 발목이 좌우로 크게 흔들린다는 뜻이다. 너무 부드러운 소재의 신발이나 과하게 푹신한

굽, 운동화 끈을 헐렁하게 매는 경우 보행의 불안정성을 초래할 수 있다. 그러면 부상 가능성을 높이고 나쁜 걸음걸이 습관으로 이어질 수 있다.

치마가 한쪽으로 돌아간다

잠깐 걸었는데 치마가 한쪽으로 돌아가 있다면 골반이 틀어져 있다는 의미다. 치마가 시계 방향으로 돌아갔다면 골반의 우측이 뒤쪽으로 기울어진 상태이며, 반시계 방향으로 돌아갔다면 골반의 좌측이 뒤쪽으로 기울어진 것이다.

골반이 틀어지면 몸 전체를 제어하는 골반이 고유의 기능을 해내지 못해 만성 요통은 물론 어깨결림과 관절통, 두통까지 불러올 수 있다. 따라서 반드시 균형 잡힌 골반 움직임으로 개선해야 한다. 골반 안쪽의 내장 기능 역시 골반 틀어짐으로 인해 저하됐을 가능성이 있다. 이렇게 틀어진 골반은 빠르게 걷는 것을 방해한다.

티셔츠 라인이 자꾸 비뚤어진다

티셔츠가 늘어지지도 않았는데, 목 라인이 한쪽만 울거나 좌우 대칭이 맞지 않는다면 걸음걸이를 확인해보자. 평소 한쪽 방향으로만 누워 자거나 한쪽 어깨로만 가방을 메는 등 잘못된 생활습관으로 인해 상체는 물론 전신이 비뚤어지면 이런 결과를 불러올 수 있다.

어깨와 척추, 골반, 다리관절은 유기적으로 연결되어 있다. 우리는 흔히 두 발로 걷는다고 하지만 사실은 온몸으로 걷는다. 따라서 어깨의 움직임이 걸음걸이에 영향을 미칠 수 있다는 사실을 기억해야 한다.

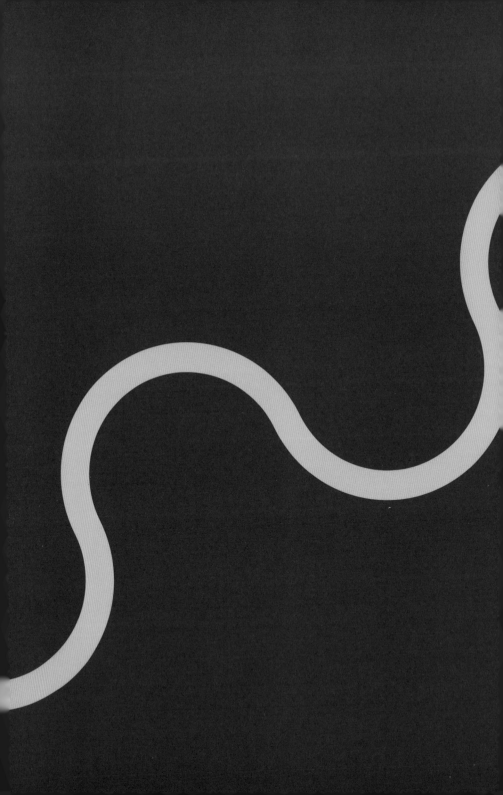

PART 2

걷기만 잘해도
생체시계가 거꾸로 간다

빠르게 걷는 사람은
천천히 늙는다

"빠르게 걸을수록 오래 산다." 영국 레스터 대학과 레스터 생물의학 연구센터의 연구진이 〈커뮤니케이션스 바이올로지〉에 발표한 흥미로운 연구 결과다. 그들은 영국에 거주하는 중년(평균 나이 50세) 40만 5,981명의 유전자 데이터를 모아 관찰했다. 그 결과에 따르면 걷는 속도가 빠른 사람일수록 유전자의 끝부분인 텔로미어Telomere가 길며, 이로 인해 더 오래 살 가능성이 높다.

텔로미어란 유전자의 말단 소립으로, 세포 재생에 관여하는 부분이다. 생명체의 죽음이란 더 이상 세포 재생을 하지 않는 상태를 의미하는데, 빨리 걷는 사람은 느리게 걷는 사람보다 텔로미어가 길어 세포 재생을 더 오래 유지한다는 것이다. 연구진은 단지 걷는 속도의 차이만으로 무려 16년에서 20년까지 기대수명이 늘어난다는 결론도 제시했다.

사실 빠르게 걷기의 장점을 생각하면 쉽게 이해된다. 빠르게 걸으면 심장 박동수가 올라가고, 혈관이 튼튼해지며, 산소 소비량 역시 빠르게 증가한다. 또 골격근과 혈관에 적당한 부하를 가해 각종 질환을 예방한다. 이 변화는 하루에 10분씩만 투자해도 체감할 수 있다.

우리에게 숙명처럼 찾아오는 노화. 대부분 유전과 연관되어 있지만, 각자 따로 떨어져 살던 쌍둥이가 수십 년 만에 만나면 서로 달라진 모습에 놀라듯 생활습관으로도 많은 것이 바뀐다. 또 생각해보면 노화는 어느 한순간에 찾아오는 것이 아니다. 자신의 오랜 습관이 쌓인 결과물이기도 하다. 평소 빠르고 건강한 걷기로 몸 이곳저곳에서 나타날 수 있는 노화의 전조 증상을 틈틈이 막아낸다면 충분히 노화를 늦출 수 있다.

활력을 끌어올리는 가장 쉬운 방법

걷다 보면 기분이 좋아진다. 온몸에 활력이 가득해진다. 과거 걷기가 이동을 위한 수단이며 노동의 도구였다면, 현대인에게 걷기는 최고의 운동법이다. 특별한 도구도 필요 없다. 그저 편안한 신발과 옷만 있으면 언제든 바로 시작할 수 있다. 이렇게 간단하면서도 몸과 마음을 모두 건강하게 유지하는 방법이 있다니, 실로 놀라운 일이다.

걷기는 혈액과 림프의 순환을 촉진해 몸을 따뜻하게 만들며 근육과 관절, 내부 장기에 활력을 불어넣어 본래의 기능을 되찾을 수 있게 돕는다. 마치 뻑뻑한 톱니바퀴에 기름을 치듯 굳어 있던 몸을 깨운다. 가장 큰 효과는 마음을 흔들어 깨우고, 그 사이사이에 즐거움을 채워준다는 것이다. 그저 걷는 것만으로 말이다.

시간도 그리 오래 걸리지 않는다. 바른 자세로 30분만 걸으면 이 모든 작용이 꿈틀거리며 깨어난다. 먹는 것으로 그날 하루의 스트레스를 없애려고 하지 말고 걷자. 먹은 만큼의 후회가 반드시 돌아오는 것처럼, 움직인 만큼의 보상도 반드시 돌아온다. 규칙적인 걷기 운동은 조금씩 쌓여 우리 신경계에 엄청난 영향을 미친다. 특히 햇빛을 받으며 걷는 것을 추천한다. 아예 안 하는 것보다 실내 운동이라도 하는 것이 좋지만, 실내 체육관은 아무래도 환기에 어려움이 있다. 햇빛과 바람과 맑은 공기 속을 걸으면 걷기가 주는 활력 충전을 마음껏 누릴 수 있다.

피로를 이기는 힘, 걸으면서 충전한다

나는 웬만한 거리는 걸어 다닌다. 바쁠 때는 따로 운동할 시간을 내기 어렵기 때문에 수시로 걸으면서 부족한 운동량을 채운다. 화가 날 때도 나가서 걷는다. 일이 잘 풀리지 않을 때도 나가서 걷는다. 피곤하면? 나가서 걷는다. 걸으면 우리 몸은 충전된다.

심리적으로 불안할 때 걸으면 특히 효과가 좋다. 빠른 걸음으로 30분만 걸어도 마음속 불안이 사라진다. 우리 몸속 교감신경과 부교감신경이 균형을 이루고 자율신경이 원활하게 작용해 스트레스를 감소시키기 때문이다. 그냥 기분이 그런 것이 아니라 실제 뇌 속의 생체 작용이 활발해지면서 정신적으로 안정감을 느끼게 해준다.

걸을 때 발바닥이 지면을 누르면 편도체가 억제된다. 편도체는 우리 뇌에서 불안감과 화, 우울감 등 부정적인 감정을 담당하는데 걷는 동안 이 영역이 약해진다. 동시에 피로와 스트레스를 완화하고 새로운 생각을 만들어내는 해마가 커지는 길항작용이 일어난다. 걷기가 피로와 부정적인 생각을 몰아내고 저항력을 길러 기분 전환을 일으키는 이유다.

골반저근과 엉덩이 근육을 강화한다

골반저근은 골반뼈를 중심으로 골반 바닥에 위치한 마름모꼴의 근육군을 일컫는다. 항문 괄약근과 요도 괄약근 등으로 구성되어 있으며 창자, 방광, 자궁 등 골반 기관들을 지탱한다. '골반기저근', '골반바닥근육군'이라고도 부른다. 골반의 두덩뼈에서 엉치뼈까지 연결되어 있다. 골반저근은 성기능과 허리 건강에 큰 영향을 미치는 것으로 알려져 세간의 관심을 받았다. 또 배뇨, 배변 문제와 직결되기 때문에 나이가 들수록 중요도가 커진다.

골반저근이 약해지고 처지면 여성은 요실금이나 변실금, 방광탈출증 같은 질환을 겪게 된다. 약해진 골반저근 강화에 케겔운동이 효과가 있는 것으로 알려져 있다. 하지만 이는 크게 잘못 알려진 상식 중 하나다. 골반저근 강화 운동이 요실금에 미치는 영향에 대한 최근 연구에 따르면, 케겔운동 같은 강화 운동이 요실금 개선에 도움이 된다는 근거가 특별히 밝혀지지 않았다. 오히려 골반저근 강화 운동을 자주 하면 골반 주변 부위가 경직되고, 더 나아가 골반과 허리 통증으로 연결될 가능성이 있다. 대신 효과적인 운동으로 걷기를 추천한다.

허벅지 앞 근육인 대퇴사두근과 더불어 우리 몸을 구성하는 근육의 50%에 달하는 큰 근육인 엉덩이 근육은 가장 큰 대둔근을 비롯해 중둔근, 소둔근, 이상근으로 구성되어 있다. 우리 몸의 중심 근육으로, 정상적으로 기능하지 못하면 허리디스크 등 각종 질환에 걸릴 수 있다. 엉덩이 근육은 하체 건강과 직결되며 허리는 물론 상체와 하체 관절 건강까지 좌우한다. 쉽게 말해 엉덩이 근육이 망가져 제대로 움직이지 못하면 전신 건강에 악영향을 끼친다. 엉덩이 근육뿐 아니라 전신 근육 활성화에 좋은 운동으로는 스쿼트와 런지, 힙브릿지 등이 있다.

그런데 이들 근육은 중요도에 비해 단련하는 것이 쉽지 않다. 이 때 가장 권할 만한 운동이 걷기다. 걸을 때는 어깨와 등을 곧게 펴고, 아랫배는 안으로 집어넣고 엉덩이에 힘을 살짝 준 채 똑바로 걷는다. 이렇게 하는 것만으로도 코어 근육이 활성화되고 신체 밸런스가 좋아진다. 또 쉽게 살이 찌지 않는 체질로 바뀌어 혈당과 혈압 조절이 용이해진다.

이외에 계단을 자주 오르는 것도 도움이 된다. 계단을 오를 때 힘차게 뒷발을 차며 올라가면 균형 있고 튼튼한 하체와 함께 멋진 엉덩이 근육을 얻을 수 있다.

척추가 바로 서면
뒷모습이 젊어진다

얼굴 나이는 숨길 수 있어도 뒷모습 나이는 숨기기 어렵다고 한다. 얼굴은 화장도 하고 피부과 도움도 받으며 나이보다 젊어 보이게 관리할 수 있지만 뒷모습은 그런 식으로 관리할 수 없기 때문이다. 뒷모습의 핵심은 척추다. 척추를 바로 세우면 빠르게 흘러가는 나이를 붙들 수 있다. 척추를 건강하게 세우기 위해서는 발가락 끝에서부터 머리끝까지, 전신의 골격이 바르게 정렬되어야 한다. 그 시작은 바르게 걷기다.

정렬을 바로잡으면 나이도 잡을 수 있다

잠시 우리 몸을 상상해보자. 맨 아래에 있는 발바닥부터 발등, 발목, 정강이, 무릎, 대퇴골, 골반, 골반 위 척추, 경추까지 뼈가 차례로 쌓여 있다. 이렇게 정렬된 상태에서 발로 지면을 탁탁 밟으면 그 순간 충격이 고스란히 몸에 전달된다. 이 충격은 각각의 관절 정렬을 타고 올라가면서 단계별로 착착 흡수된다. 충격이 척추에 도달할 즈음에는 안개가 걷히듯 분산되어 사라진다.

그런데 잘못된 자세로 걸으면 발목이나 무릎, 고관절에 필요 이상의 스트레스가 쌓이게 된다. 단계별로 흩어지다 사라져야 할 충격이 지속적으로 관절 사이사이에 쌓여 독이 되는 것이다. 이런 경우 만성피로에 시달릴 가능성이 매우 높다. 같은 시간을 걷고 같은 시간 수면을 취해도 건강하고 바른 자세로 걷는 사람과 그렇지 않은 사람은 다음 날 피로 회복에 차이가 날 수 있다. 걷기로 비정상적인 스트레스를 받으면 잘 자고 일어나도 몸이 개운하지 않다. 매일 이런 스트레스가 축적되면 우리 몸에 문제가 발생할 수밖에 없다.

척추의 정렬을 바로 세우고 바른 자세로 걷는 것만으로도 이 문제를 해결할 수 있다. 충격 흡수와 분산 과정이 매끄럽게 이루어져 피로에서 벗어날 수 있고 척추의 노화를 지연시킬 수 있다.

골밀도 높여 골다공증을 예방한다

나이가 들수록 뼈 건강이 매우 중요하다. 젊을 때와 달리 작은 충격에도 골절 등 부상은 입기 쉬운 반면 회복은 늦어지기 때문이다. 그래서 고령의 골절은 다른 합병증을 유발하거나 때로는 사망에 이르는 결과를 초래하기도 한다.

'뼈에 구멍이 많다'는 무시무시한 뜻을 가진 골다공증. 뼛속의 단백질과 무기질이 줄어들면서 뼈의 조직이 엉성해지고 강도가 약해져 쉽게 골절이 발생하는 골격계 질환이다. 평소 골밀도 검사를 따로 하지 않는 한 대부분 골절이 된 후에야 자신의 증상을 알게 된다. 더욱 무시무시한 건 소파에서 가볍게 떨어지거나 문에 부딪히거나 넘어질 때, 특히 심할 경우 재채기를 하는 것만으로도 뼈가 부러질 수 있다고 하니 매우 심각한 병이다. 골다공증의 원인으로는 여성의 폐경(에스트로겐 결핍), 비타민D 부족, 과음 등이 있다.

골다공증 검사

'이중 에너지 X선 흡수계측법(DXA)'으로 손가락 또는 발뒤꿈치에서 골밀도를 측정한다. 검사대에 바르게 누운 상태에서 진행하는데, 몸을 움직이지 않아야 한다. 고관절과 함께 척추를 찍어 수치를 확인한다. 이외에 영상검사와 피검사를 병행한다. 피검사로 칼슘이나 인의 수치를 측정하고, 비타민D 결핍 여부도 함께 확인한다. 검사 대상자는 65세 이상의 여성과 70대 이상의 남성, 난소 제거 수술을 받은 조기폐경 여성 등이다. 골절 위험 가족력이 있는 경우도 검사를 받으면 좋다.

실제 50대 이상 손목 골절 여성 환자의 절반이 골다공증에 의한 것이며, 골다공증으로 발생한 골절의 경우 재골절의 위험도가 2~10배가량 높다. 척추 골절의 경우엔 더욱 심각하다. 5명 중 1명은 1년 이내에 또 다른 척추 골절이 발생하는 것으로 나타났다. 척추나 고관절 골절은 사망률과 깊은 연관을 맺고 있어 더욱 주의가 필요하다. 평소 뼛속을 꽉꽉 채워 튼튼하게 만드는 게 중요하다.

걷지 않으면 뼈 건강도 위협받는다. 적당한 영양 섭취와 운동이 필수적이다. 특히 빠르게 걸으면 뼈와 근육, 관절 단련에 효과적이다. 사실 우리가 매일 섭취하는 칼슘은 그냥 먹기만 한다고 다 흡수되는 건 아니다. 운동으로 자극을 줘야 비로소 섭취된 칼슘이 흡수된다. 그래서 칼슘제나 비타민D, 글루코사민 같은 영양제를 섭취하는 것보다 바른 자세로 빠르게 걷는 것이 훨씬 효과적이다.

다수의 연구에 의하면 일주일에 4회 이상 빠르게 걸으면 고관절과 관절염의 발병 위험이 낮아지는 것으로 나타났다. 걷기 불편하고 힘들다고 평지만 고집할 게 아니라 계단이나 언덕을 오르내리자. 골밀도가 좋아져 더욱 튼튼한 뼈를 가질 수 있다.

오십견 날려주는 파워워킹에 도전하라

일반적인 걷기에 2배쯤 되는 속도(시속 6~8km)로 걸으며 팔꿈치와 팔의 간격을 90도로 만들어 주먹을 가슴 높이까지 올렸다 내리는 걷기. '파워워킹'이다. 보기에 다소 부담스러워 보이는 이 운동의 효과는 실로 어마어마하다. 달리기에 버금가는 높은 운동 강도로 분당 7.5kcal를 태우는 효과적인 다이어트 운동이다. 복근과 허리 근육을 튼튼하고 유연하게 하며, 매력적인 엉덩이와 강인한 허벅지를 만들어준다. 뼈를 튼튼하게 하고 골밀도를 높여줄 뿐 아니라 면역력을 향상시키고, 피로 회복에도 탁월하다.

파워워킹이 특히 효과를 발휘하는 질환이 있으니, 흔히 '오십견'이라 부르는 유착성 관절낭염이다. 뚜렷한 외상이 없는데도 인체의 퇴행성 변화로 인해 관절 주변에 통증이 생긴다. 견관절 부위에 찾아오는 둔통(둔한 느낌의 통증)은 시간이 지나도 쉬이 좋아지지 않으며 오히려 팔의 운동 반경마저 제한한다.

파워워킹의 시그니처인 팔을 90도로 만들어 앞뒤로 신나게 흔드는 동작은 평소 잘 쓰지 않던 팔 안쪽 근육을 자극해 팔뚝의 지방을 빼고 근육을 단련시킨다. 관절 주위가 굳으면서 발생하는 오십견을 예방하거나 개선하는 데 효과적인 이유다. 걸으면서 중간중간 어깨를 돌리거나 기지개를 켜는 듯한 동작을 끼워 넣어도 좋다. 평소 어깨 근육이 뻐근하다면 꼭 시도해보길 권한다.

퇴행성 관절염,
통증에 지지 말고 통증을 조절하며 걸어라

관절이 매끄럽게 작동할 수 있도록 완충작용을 하는 연골이 닳아 없어지거나 무리한 사용, 부상, 질병, 노화 등으로 인해 퇴행성 변화가 일어나면 뼈와 인대가 손상되어 염증과 통증이 생기는데, 이를 '퇴행성 관절염'이라고 한다.

흔히 퇴행성 관절염이라고 하면 무릎관절을 떠올리는데, 무릎에만 생기는 것은 아니다. 척추 등 모든 관절에 발생할 수 있다. 반복적으로 척추를 사용하는 일에 종사하거나 척추 건강에 해로운 생활습관이 장기간 축적되면 척추에 퇴행성 관절염이 오는 경우가 많다. 무혈성 괴사와 엉덩이관절 이형성증이 있는 경우 고관절에도 퇴행성 관절염이 올 수 있다. 발목관절의 골절이나 주변 인대의 손상으로 인해 발목에 퇴행성 관절염이 생기기도 한다. 물론 퇴행성 질환은 노화와 관련이 깊어 고령에서 많이 발생하지만, 단지 노화 때문에 퇴행성 관절염이 오는 것은 아니다.

관절의 퇴행성 변화는 일단 시작되면 그 이전으로 되돌릴 수 없다. 참을 수 없는 통증이 나타나면 약물의 도움을 받아야 하고, 심할 경우 수술적 치료를 고려해야 한다. 그 외에는 생활습관을 바꾸고 체중을 감량하는 등 관절염 악화 요인을 개선하는 것으로 추가적인 관절염의 진행을 막고 통증을 완화할 수 있다. 물론 수술이나 약물 치료를 받는 경우도 생활습관과 체중 개선은 필수적이다.

이때 크게 도움을 받을 수 있는 운동이 바로 걷기다. 허리나 무릎이 아파서 걸을 수 없다고 말하는 사람들이 많은데, 허리나 무릎이 아파도 걸어야 한다. 아예 한 걸음도 걸을 수 없을 만큼 통증이 심하다면 병원에서 보다 적극적인 치료를 받아야 하지만, 그 정도가 아니라면 조금씩 걷는 힘을 길러야 한다. 걸어야 근육에 힘이 붙어 약해진 관절과 인대의 역할을 보강해줄 수 있으며, 관절을 유연하게 만들고 체중도 줄여준다. 아프다고 집 안에만 있으면 체중이 불어나 퇴행성 관절염이 더 심해질 수 있다는 사실을 기억해야 한다.

허리나 무릎이 아픈 사람은 허리나 무릎이 허락하는 범위 내에서 걸으면 된다. 10분만 걸어도 무릎이 아프다면 8분 정도 걷고 쉬었다가 통증이 잦아들면 다시 8분을 걷는 식이다. 걷고 나서 관절이 붓는다면 얼음찜질을 해주고 운동량을 줄인다. 되도록 평지를 천천히 걸으며 조금씩 운동량을 늘려나가는 것이 좋다. 달리기나 계단 오르기, 등산 등은 오히려 증상을 악화시킬 수 있으므로 금한다.

발아치 무너지면 허리 아치도 무너진다

건축에서 아치는 창이나 문, 다리의 위쪽을 활 모양의 곡선으로 쌓아 올린 구조를 말한다. 상부의 하중을 효과적이고 안정적으로 지지하는 기능을 한다. 우리 인체에도 그러한 구조가 있다. 바로 발바닥 아치다.

발아치는 우리 몸이 주는 하루 수백 톤의 압력을 견뎌내는 데 결정적인 역할을 한다. 몸의 무게를 지탱하고, 나아가 움직일 때 받는 충격을 흡수하며 안정화시킨다. 이 정교하고 견고한 지렛대 덕분에 인류는 서고, 걷고, 격렬한 운동까지 무리 없이 해내고 있다. 일찍이 레오나르도 다빈치는 인간의 발을 두고서 "공학의 걸작이자 예술작품"이라고 찬사를 보냈을 정도다.

이러한 발아치는 너무 높지도 낮지도 않아야 이상적이다. 너무 낮거나 평평한 발, 이른바 평발은 발바닥의 스프링 역할을 잘하지 못해 발뒤꿈치나 아치에 통증이 발생하기 쉽다. 특히 장거리를 걸을 때 발이 쉽게 피로해지며 족저근막증과 무지외반증도 쉽게 관찰된다.

반대로 아치가 너무 높아도 문제다. 충격을 흡수하는 표면적이 적어 외부 충격이 발에 골고루 흡수되지 못한다. 그러면 발뒤꿈치나 발바닥 앞쪽으로 압력이 과도하게 쏠리면서 발가락 통증과 굳은살이 발생한다. 심할 경우 무릎에까지 영향을 주며, 중족골통이나 발바닥 근막염이 생길 수 있다.

이렇듯 발아치에 문제가 생기면 체중을 받치거나 오래 서 있는 경우 자세가 변형되고 골반 틀어짐이 발생한다. 곧이어 몸 전체 균형에도 문제가 생긴다. 이뿐만이 아니다. 발아치의 구조적인 문제가 잘못된 걸음걸이로 발전할 수 있고, 반대로 잘못된 걸음걸이가 발아치에 악영향을 주기도 한다. 발아치가 무너지면 허리 건강, 다리 건강, 더 나아가 전신의 건강이 무너질 수밖에 없다.

따라서 발아치에 문제가 발생하면 전문의의 도움을 받는 것이 좋다. 아치 지지대(특수 깔창) 등을 사용해 보정하거나 정기적인 스트레칭과 마사지를 해주면 도움이 된다. 무엇보다 바른 자세로 잘 걷는 것이 근본적인 해결법이 될 수 있다.

바르게 걷기 시작하면 외모도 달라진다. 바르고 당당한 자세로 걸으면 어깨와 구부정한 등이 펴지고 척추가 꼿꼿해진다. 사실 구부정한 등은 스타일을 죽이고 실제보다 나이 들어 보이게 만든다. 곧게 뻗은 척추 라인과 각선미를 뽐내며 경쾌하고 가볍게 걷는 사람들은 활력이 넘쳐 보인다. 건강한 자세는 몸속 건강과 연결되어 있어 내장지방증후군 같은 질환과 자연스레 멀어진다. 그리고 아름다운 자세는 제대로 걷는 걸음걸이, '액티브 워킹'에 달려 있다.

걷기는 긍정적인 효과가 많지만, 잘못된 자세로 오래 걸으면 오히려 스트레스가 가중되고 통증과 질병이 생길 수 있다. 준비되지 않은 발로 걸으면 몸의 정렬이 흐트러져 자세 변형을 초래할 수 있으므로 주의가 필요하다.

잘못된 걸음걸이가 만드는 질병

◦ 일자 걸음 : 관절염, 관절 변형

◦ O다리 걸음 : 무릎 인대 손상

◦ 안짱걸음 : 고관절염

◦ 팔자걸음 : 요통, 허리디스크, 관자놀이 통증

◦ 학다리 걸음 : 연골 연화증

◦ 발을 끄는 걸음 : 관자놀이 통증

심장이 약한 사람은
발을 더 열심히 굴려라

심뇌혈관질환은 전 세계 사망 원인 1위다. 심근경색, 심정지 등 심장질환과 뇌졸중 등의 뇌혈관질환, 고혈압 및 당뇨 등 선행질환이 모두 포함된다.

걷기는 만능에 가까운 전신 운동이다. 시속 3km 이상의 속도를 유지하며 규칙적으로 걷는 것만으로도 심장발작을 비롯한 각종 심뇌혈관질환을 막을 수 있다. 특히 식사 후에 걸으면 혈당 수치가 빠르게 낮아져 혈당 스파이크를 예방할 수 있고, 탁월한 지방 연소 효과까지 얻을 수 있다. 평소 혈관 계통이 걱정된다면, 집안에 당뇨 이력이 있다면 더 열심히 걷자. 꾸준히 실행하면 심혈관과 심폐기관의 기능이 향상되고 순환계의 활력이 유지되어 심뇌혈관질환의 공포에서 벗어날 수 있다.

걸으면 고혈압과 저혈압이 잡힌다

여러 원인으로 인해 혈압이 높아진 상태라고 하자. 심장이 수축해 동맥혈관으로 혈액을 보낼 때의 수축기 혈압이 120~139mmHg(확장기 혈압 80~89mmHg)이면 고혈압 전 단계, 수축기 혈압 140~159mmHg (확장기 혈압 90~99mmHg) 이상이면 고혈압으로 진단한다. 과체중이거나 비만은 고혈압의 대표 위험인자다. 따라서 고혈압을 예방하려면 체중 조절, 염분 섭취 제한 등 생활습관을 교정하기 위해 노력해야 한다. 이때 걷기가 단연 도움이 된다.

빠르게 걷기 시작하면 인체는 혈관을 따뜻하게 데우고, 심장 박동 수를 올리며 말초혈관까지 산소를 공급한다. 고혈압을 비롯해 저혈압, 빈혈 등 혈관 관련 질환을 예방하고 치료하는 데 효과적인 운동이다.

우선 걷기는 말초혈관의 혈액 흐름을 활발하게 만든다. 그러면 혈액에 충분한 산소가 공급되면서 혈압이 낮아진다. 심장으로도 많은 혈액을 공급해 심장이 튼튼해져 저혈압에도 좋다.

인체가 고혈압에 오랜 기간 노출되면 체내 미세혈관은 좁아지고 혈관벽은 두꺼워진다. 이로 인해 혈관이 막히거나 출혈이 발생하는 데 일주일에 3회, 하루 30분만 걸어도 이를 예방할 수 있다. 혈행을 좋게 만들어 뇌졸중, 심장마비 등에 의한 돌연사와 각종 후유증을 예방하는 것이다. 실제 여러 연구에서 걷기 운동만 꾸준히 해도 심장마비의 위험을 37%나 낮출 수 있다고 보고하고 있다. 걷기 시작하면서 증가하는 혈류량은 혈관을 이완시키는데, 운동 후 혈류량이 줄어들어도 이완된 혈관 상태는 한동안 지속된다. 그러면 심장 근육과 혈관에 탄력성이 높아져 혈압 조절이 쉬워지고, 염분이 땀으로 배출되면서 자연스레 체내 염분 농도가 낮아져 고혈압의 위험에서 벗어날 수 있다.

단, 고혈압을 이미 앓고 있는 경우 갑작스럽게 빨리 걷기를 하는 건 절대적으로 좋지 않다. 산책한다는 마음으로 가볍게 걸으며 산소를 천천히 그리고 깊이 들이마시고 내쉰다. 매일 걷는 습관을 들이는 것이 가장 좋다.

혈관 도우미, 걷기로 고지혈증에서 벗어날 수 있다

'이상지질혈증'이라고도 부르는 고지혈증은 혈중 지질 성분이 비정상적으로 증가한 상태를 말한다. 과도하게 남은 지방이 혈관벽에 쌓이면 혈액을 끈적하고 탁하게 만들 뿐 아니라 염증을 유발한다. 고지혈증 자체로는 당장 문제가 발생하지 않아 대부분 무시하는 경향이 있지만 당뇨와 췌장염, 혈액순환장애와 더불어 여러 합병증이 발생할 수 있어 주의가 필요하다.

혈관 건강을 위해선 올바른 식습관과 운동이 매우 중요하다. 특히 혈액 속에 혈중 지방이 많은 고지혈증 환자는 산소를 충분히 들이마시면서 가볍게 걸어야 한다. 걷기는 산소 호흡을 도와 심혈관과 심폐기관 기능을 활성화할 뿐 아니라 혈액순환이 원활하도록 돕기 때문이다. 고지혈증 환자라면 빠른 걷기보다 저강도로 30분 이상 걷기를 추천한다. 엘리베이터 대신 계단을 이용하거나 버스 한 정류장씩 걷는 등 생활 속에서 걷기를 실천하는 것도 좋다.

걸을수록 콜레스테롤 수치가 낮아진다

핏속 기름기인 콜레스테롤은 걸을수록 수치가 낮아진다. 미국 질병통제예방센터(CDC)는 높은 콜레스테롤 수치는 심장질환의 위험인자로, 콜레스테롤 수치가 10% 줄면 심장질환의 위험이 1/3 정도로 줄어든다고 발표했다. 규칙적으로 매일 30분씩 걸으면 몸에 좋은 콜레스테롤(HDL)은 증가하고, 몸에 나쁜 콜레스테롤(LDL)이 감소할 뿐 아니라 혈압도 떨어지기 때문이다. 혈관벽에 낀 중성지방과 나쁜 콜레스테롤이 걷기를 통해 줄어든다는 사실은 여러 연구에서도 확인되고 있다.

빠르게 걷기는 건강에 더욱 좋다. 팔다리의 정맥혈 순환을 활발하게 하고, 혈류 펌프 기능을 하는 종아리 근육의 수축과 이완을 용

이하게 만들어 심혈관질환을 예방하거나 개선하는 데 큰 도움을 준다. 걷기가 전체 근육의 70% 이상을 차지하는 하반신을 이용한 운동이니 체온 상승은 물론 당과 지방을 연소하도록 촉진하는 건 당연하다. 혈관 내 기름이 너무 많아 생기는 고지혈증도 이 과정에서 함께 개선된다.

걷는 습관이
생활습관병보다 힘이 세다

 감염성 질환 외의 식습관, 흡연, 음주 등 잘못된 생활습관으로 인해 생기는 질환을 통칭해 '생활습관병'이라고 한다. 고혈압을 비롯해 당뇨, 비만, 고지혈증, 동맥경화증, 협심증, 심근경색증 등 성인병이라고 칭하는 질환 대부분이 여기에 속한다. 그 외에 뇌졸중, 만성 폐쇄성 폐질환, 천식, 알코올성 간질환, 퇴행성 관절염, 악성종양 등도 이에 포함된다. 그런데 놀랍게도 생명을 위협하는 이 심각한 질병들에 효과적인 비책이 있으니 바로 걷기다. 걷는 습관은 심혈관질환 외에 거의 모든 생활습관병에 효과를 발휘한다.

죽음으로 가는 급행열차, 당뇨에서 탈출하기

인체는 먹고 움직이지 않으면 근육의 기능이 떨어지고 남은 혈당이 혈류를 채우게 된다. 이때 혈당을 조절하기 위해 우리 몸은 인슐린을 만들어낸다. 그런데 인슐린이 모자라거나 제대로 일을 못 하는 상태가 되면 문제가 발생한다. 혈당이 상승해 지속적으로 높은 상태가 되는 것. 우리가 흔히 말하는 '당뇨병'이다. 당뇨는 완치가 어렵다. 평생 꾸준히 관리하지 않으면 다양한 합병증으로 힘겨운 노년을 보낼 수 있다. 당뇨 환자에게 건강 관리가 매우 중요한 이유다. 당뇨를 잘 관리하려면 걷기를 빼놓을 수 없다. 특히 식후 걷기는 필수다. 음식을 먹고 난 후 잠시 걷는 것만으로도 우리 몸과 인생의 많은 부분이 달라진다.

비만성 당뇨, 체중을 5~7%만 줄여도 인생이 달라진다

당뇨는 인슐린 분비량 부족 등의 이유로 혈액 내 혈당 조절이 되지 않아 혈중 포도당의 농도가 높아지는 질환이다. 남아도는 포도당이 그대로 소변으로 배출되는데, 이는 심혈관질환과 신장병의 위험을 높이고 당뇨발, 시야 이상 등 여러 가지 합병증을 유발한다.

당뇨는 인슐린을 선천적으로 생산하지 못하는 제1형 당뇨병과 인슐린이 상대적으로 부족해 발병하는 제2형 당뇨병으로 나뉜다. 그중

제2형 당뇨병은 서구화된 식생활, 고열량·고지방·고단백 식단, 운동 부족 등의 생활습관과 환경적 요인 등에 의해 발생한다. 당뇨는 예방이 가능한데, 가장 중요한 것이 생활습관 관리다. 규칙적인 운동과 체중 감량이 무엇보다 중요하다. 특히 체중을 5~7% 줄이면 일부 제2형 당뇨병의 발병을 늦추거나 예방할 수 있으므로 큰 부담 없이 오래 지속할 수 있는 걷기를 생활화하는 것이 좋다.

혈당 스파이크로부터 우리 몸을 구하는 15분 걷기

식후 15분 걷기를 습관으로 들여보자. 식사를 하고 나서 바로 자리에 앉기보다 빠르게 걷기로 심박수를 올려보자. 근육은 탄수화물이나 당분을 에너지원으로 사용하기 때문에 식사하며 먹은 음식이 연료로 먼저 동원된다. 혈액 내 당분이 먼저 사용된다는 의미다. 그래서 온몸의 근육과 관절을 사용해 걸으면 자연스레 혈당이 내려가 건강한 삶에 보다 가까이 다가갈 수 있다.

식후 걷기는 혈당을 빠르게 낮춰 혈당 스파이크로부터 우리 몸을 구한다. 걷기이기에 가능하다. 혈당 스파이크는 식후 혈당이 급격하게 상승했다가 급격하게 떨어지는 증상으로, 반복적으로 나타날 경우 당뇨나 혈관 세포의 손상을 야기한다. 그렇다면 격렬하고 강도 높은 운동이 더 효과가 있지 않을까? 아니다. 오히려 아드레날린 등의 호르몬을 분비해 혈당 수치를 높인다.

최근에는 과체중과 비만으로 인한 제2형 당뇨병이 급증하고 있다. 걷기는 적정 체중을 유지시켜주고, 인슐린과 포도당의 조절 기능이 원활하도록 돕는다. 평소 혈당 문제를 느끼고 있다면 잊지 말고 걷기를 꼭 실천해보자.

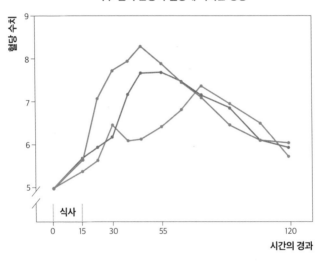

식후 걷기 운동이 혈당에 미치는 영향

— 식후 어떤 신체활동도 하지 않는 그룹
— 식후 15분 걷기를 한 그룹
— 식후 40분 걷기를 한 그룹

식후 어떤 신체활동도 하지 않은 그룹은 혈당이 식사 후 급격히 치솟았다가 뚝 떨어지는 것을 관찰할 수 있다. 반면 식후 15분이나 40분 걷기를 한 그룹은 비교적 완만한 혈당 증가와 감소를 보여준다.

•출처 : Nygaard H et al,. Slow postmeal walking reduces postprandial glycemia in middle-aged women, (2009)

건강 지표 위협하는 대사증후군

고혈압, 고혈당, 고중성지방혈증, 낮은 고밀도지단백 콜레스테롤, 복부비만 등 건강을 위협하는 5가지 요인 중 3가지 이상을 동시에 갖고 있는 경우 대사증후군에 속한다. 전 세계적으로 유병률이 20~25%에 이를 만큼 위험도가 높은 질병이다. 대사증후군은 우리 몸의 신진대사에 여러 문제가 생겨 나타나는 위험 증상으로, 유전 외에 복부비만이나 과도한 과당 섭취가 원인으로 지목되고 있다.

허리둘레가 늘어나면 수명은 줄어든다

복부비만은 허리둘레가 동양인 기준으로 여성은 85cm 이상, 남성은 90cm 이상인 경우를 말한다. 지방조직에 축적된 과잉 중성지방은 염증 반응을 불러일으킨다. 특히 복부에 있는 지방은 다른 지방과 달리 사이토카인을 바로 혈관에 분비한 후 혈관을 타고 간과 근육세포를 자극해 인슐린 저항성을 유도한다. 인슐린 저항성은 고혈당을, 염증 반응 및 혈관 내 지방 축적은 고혈압을 유도해 심장병 확률을 증가시킨다. 고칼로리 식단을 제한하고 식후 꾸준히 운동하는 습관을 들이는 것이 유일한 해법이다. 허리둘레가 늘어나는 만큼 수명이 줄어든다는 경각심을 갖고 식이 조절과 운동을 병행해야 한다.

저녁에 과일 섭취는 금한다

포도당과 과당이 체내에서 대사되는 과정은 크게 다르다. 음식물로 섭취한 포도당은 20% 정도 간에서 대사되는 것과 달리 과당은 거의 100% 간에서 대사된다. 과당을 섭취하면 포도당 흡수를 막고, 인슐린 저항성을 유도하며 동시에 중성지방 합성을 촉진시켜 각종 혈관질환과 비만 그리고 지방간을 불러일으킨다.

과당 섭취를 줄이려면 음료수나 과일주스 같은 가공식품 섭취를 제한해야 한다. 과일에도 과당이 다량 함유되어 있기 때문에 저녁에 과일을 섭취하는 건 되도록 줄인다. 대신 평소 섬유질 섭취를 늘리면 도움이 된다.

막힌 곳 시원하게 뚫어주는
참 쉬운 기술, 걷기

걷기는 우리 몸의 막힌 곳을 시원하게 뚫어주는 효과가 있다. 가장 중요한 메커니즘은 순환이다. 몸 안으로 맑은 공기를 들여보내고, 몸속에 노폐물이 쌓이지 않게 순환작용을 한다. 다 쓰고 남은 찌꺼기를 몸 밖으로 원활하게 내보내면 병이 생기지 않는다.

폐 기능을 활성화시키는 최고의 유산소성 운동

대기오염이 심각해지면서 호흡기나 폐질환으로 고생하는 사람이 많다. 과거 선진국병으로 여겨졌던 천식은 현재 우리나라에서 19~49세의 유병률이 꾸준히 증가 추세를 보이고 있다. 또한 암으로 인한 사망 중 폐암이 1위를 차지하고 있다. 그만큼 폐와 호흡기 건강에 대한 경각심을 갖는 일은 매우 중요하다.

폐 기능을 강화하는 데 유산소성 운동만 한 것이 없다. 그중에서 걷기와 수영이 가장 효과적이다. 폐 기능을 강화하는 목적으로 걷기를 할 때는 복식호흡을 하는 것이 좋다. 두 발의 끝이 11자로 정렬되게 신경 쓰며 바른 자세로 걷는다. 이때 호흡은 코로 숨을 들이마신 후 천천히 입으로 내쉰다. 미세먼지가 많은 날은 되도록 피하며, 운동 후에는 코와 손을 깨끗하게 씻고 양치질을 하는 것이 좋다.

이유 없이 몸이 붓는다면 일단 걸어라

몸이 붓는다 싶으면 일단 걷자. 부종은 크게 2가지로 나눌 수 있다. 다리가 붓는 하지부종과 전신이 붓는 전신부종이다. 전자는 혈액순환이 원활하지 않은 것이 원인이며, 후자는 신장과 관련한 문제일 수 있다. 그러나 어느 경우이건 우리 몸의 혈액이 전신으로 원활하게 순환하지 못해 발생하는 것이므로 몸이 붓는 느낌이 들면 걸어보자. 걷기와 같은 전신운동은 심부온도를 높여 전신의 순환을 원활하게 돕는다.

순환은 심장의 움직이는 힘만으로 되는 것이 아니다. 전신 특히 종아리 근육의 수축하고 이완하는 펌프작용이 필요하다. 우리 몸의 근육을 움직여 운동해야 혈액순환도 호전된다. 전신 근육을 사용하는 걷기는 손쉽게 혈액순환을 이끌어낸다.

신장을 강화해 노폐물 배출을 돕는다

연구에 따르면 하루 3,500보 이상 걷는 사람은 1,500보 이하로 걷는 사람보다 신장 기능에 이상이 나타날 확률이 37%나 낮다. 신장 기능의 핵심이라 할 수 있는 사구체 여과율, 즉 노폐물 처리 능력이 좋아지는 것이다. 꾸준한 걷기가 가져오는 효과다. 규칙적으로 걸으면 혈압이 낮아지고 신장으로 향하는 혈류가 늘어나는데, 이로 인해 신장 기능이 전반적으로 올라간다.

걷기는 혈액순환 시스템을 원활하게 만들어 다리가 무거워지는 증상, 피로감, 하지불안증후군 등이 발생하는 것을 막는다. 과식이나 과음 후 혹은 지나치게 짠 음식을 먹고 난 후 찾아오는 부종은 몸에 좋지 않다. 많이 먹어 찐 살은 피하지방으로 쌓일 뿐이지만 부종은 신장에 부담을 주고 혈압 상승을 일으키기 때문이다. 이럴 때 걷기는 신장을 부드럽게 자극해 신장으로 혈액이 공급되도록 하고, 혈액을 맑게 해 신장 기능이 원활하게 돌아가도록 돕는다. 걷기가 곤란하다면 발가락을 구부렸다 펴는 동작이나 발목을 회전하는 동작을 해보자. 증상이 악화되는 것을 막을 수 있다.

발이 움직이는 순간
뇌도 따라 움직인다

걷기는 전신운동이다. 몸 전체의 혈류량을 늘릴 뿐 아니라 뇌로 가는 혈류도 증가시킨다. 그러면 산소포화도가 높아지면서 뇌 활동에 꼭 필요한 영양소들이 증가해 기억력과 학습력, 언어능력 등 전반적인 인지 기능이 향상된다.

최근 '걷는 회의'라는 개념이 등장했다. 몸을 움직임으로써 뇌를 자극해 좋은 아이디어를 얻고자 하는 시도인데, 실제로 효과를 보고 있다고 한다. 걸으면서 좋은 아이디어를 떠올릴 수 있는 이유는 걷기를 통해 뇌에 혈류 공급이 충분해져 두뇌 회전이 좋아지기 때문이다. 단순히 기분 문제가 아니라 생화학적으로 납득할 만한 이유가 있는 것이다.

걸으면 엔도르핀 분비도 활발해진다. 자연 속에서 걸을 때 머릿속이 차분해지고 기분이 저절로 좋아지는 느낌을 받은 적이 있을 것이다. 실제 걷기는 우울증 치료에도 큰 효과를 발휘한다.

젊은 뇌를 만들고 싶다면 걸어라

걷기는 나이가 들면서 줄어드는 뇌 신경세포를 다시 만들어내는 작용을 한다. 실제 자주 걷는 것만으로도 노인성 치매가 예방된다. 뇌를 회복시키고 젊게 만드는 것이다. 건망증이 있다면 걸어보자. 걷기가 뇌의 신경 회로망에 반짝 불을 켜줄 것이다. 일주일에 2시간씩만 걸어도 우리 뇌의 기억을 담당하는 영역이 활성화된다. 치매와 관련한 다수의 연구에 따르면, 하루 30분 이상 꾸준히 걷기 운동을 하는 사람은 그렇지 않은 사람에 비해 치매 발병 확률이 40% 이상 낮다. 특히 야외에서 걸으면 신선한 공기를 통해 뇌에 산소 공급이 원활해져 뇌졸중 발병 가능성도 낮아진다.

철학적 각성과 행복을 부르는 걷기

티베트어로 인간은 '걷는 존재' 또는 '걸으면서 방황하는 존재'다. 위대한 철학자 니체는 보통 8시간, 길게는 10시간까지 매일 혼자 숲길을 산책했다. 그러다 이따금 찾아오는 깊은 내면에 이르는 순간에 그는 철학적 깨달음과 영감을 얻곤 했다. 걷기가 철학자로서의 삶에 아주 중대한 영향을 준 셈이다. 일찍이 그는 "진정으로 위대한 모든 생각은 걷기에서부터 비롯된다. 걸으며 생각한 것만이 가치가 있다"라는 일갈을 남기기도 했다. 니체에게 산책은 자연 속에서 자신을 깨닫는 시간이었던 것이다.

니체만이 아니다. 매일 같은 시간에 산책했던 칸트, 괴테와 베토벤까지 천재들의 일과에는 산책이 꼭 포함됐다. 그들은 목적 없이 걸었고, 걸으면서 비로소 답을 찾았다.

걷기는 뇌를 자극하고 건강한 방향으로 우리를 이끈다. 그런 중에 간혹 우리가 보지 못한 것, 생각하지 못했던 것을 깨닫게 한다. 무의식중에 우리가 행복해지는 방향으로 이끈다. 때론 다이어트로 폭발하는 폭식 욕구조차 차분히 눌러주는 것이 바로 걷기의 힘이다.

잘 걷는 사람치고 우울한 사람 없다

스트레스가 쌓이면 일단 걸어라. 걷다 보면 기분이 한결 가벼워지고 머릿속도 시원하게 정리되는 경험을 해본 적이 있을 것이다. 실제로 걷기는 신진대사를 활성화할 뿐 아니라 정신건강에도 큰 도움을 준다. 감정과 집중력, 행복감과도 연관된다.

걷기 시작하면 감정을 조절하고 스트레스를 줄이는 신경전달물질인 엔도르핀과 세로토닌 분비가 촉진된다. 세로토닌은 신경안정제와 분자 구조가 비슷한데, 흥분이나 불쾌감을 진정시키는 작용을 한다. 때문에 세로토닌이 부족하면 우리 몸은 우울감을 느낀다. 이때 규칙적으로 리듬을 타는 운동을 해야 세로토닌 분비가 활성화한다. 가볍게 산책하는 것보다 힘차게 걷는 액티브 워킹이 많은 도움이 된다. 햇빛을 더하면 효과는 더욱 좋다.

스트레스로 갑자기 두통이 찾아올 때 진통제를 먹고 약기운이 퍼지길 기다리기보다 30분 정도 천천히 주변을 돌며 산책을 해보자. 우울할 때, 머릿속이 복잡할 때, 신경 쓰이는 일이 있을 때, 화가 나 어쩔 줄 모를 때도 일단 걸어보자. 걷기를 시작하면 뇌에서는 편안한 상태일 때 분비되는 알파파 호르몬과 쾌락 호르몬인 베타엔도르핀 등이 분비된다. 그러면 뇌는 차분해지면서 천천히 현재 상황을 들여다볼 준비를 한다. 그토록 복잡하고 흥분됐던 마음이 걷기 하나로 조절되기 시작한다. 실제 걷기는 자율신경실조증이나 신경증을 예방하고 개선하는 효과가 있는 것으로 알려져 있다. 평소 산책을 즐기고 잘 걷는 사람이 머리 복잡하고 우울할 새가 없는 이유다.

걷기는 정신과에서도 우울증의 아주 중요한 치료제로 꼽힌다. 잘 걷고 나면 밤에 잠이 잘 오는데, 적당한 피곤함이 이유이기도 하지만 호르몬의 영향도 크다. 걷는 동안 행복감을 느끼게 해주는 세로토닌이 걷고 나면 숙면을 선물하는 멜라토닌으로 바뀌기 때문이다.

걷기를 자양분으로 삶을 이어가는 사람들

하루 3만 보 이상 걷는 것으로 유명한 어느 영화배우는 근심 걱정이 있으면 일단 걷는다고 밝혔다. 무작정 걷다 돌아와서 저녁을 먹고 따뜻한 물로 샤워를 하면 으레 기분 좋은 잠이 쏟아진다고 한다. 신기한 건 자고 나면 그토록 커 보이던 근심과 걱정의 크기가 줄어 있고, 심지어 자연스럽게 해결된 적도 있다고 말했다. 삶에서 만나는 여러 가지 문제를 해결할 수 있는 에너지를 그는 걷기에서 얻고 있는 것이다. 그에게만 해당되는 얘기가 아니다. 몇몇 부족은 걷기를 통해 삶의 자양분을 얻기도 한다.

걷고 걸으며 감정을 풀어내는 이누이트족

극지방에 사는 이누이트족은 화가 나 참을 수 없을 때 깃발 하나를 들고 나가 무작정 걷는다. 하염없이 걷다 화가 풀리면 그 자리에 깃발을 꽂아놓고 이글루로 돌아온다. 자신의 마음 속 감정을 걷기라는 구체적인 행위로 풀어내는 점이 인상적이다. 일상에서 또 화가 날 때면 다시 깃발을 들고 걷기 시작한다. 걷다가 자신이 이전에 꽂아놓은 깃발을 지나치면 지금 자신의 마음이 예전보다 더 많이 안 좋다는 것을 깨닫고 계속해서 걷는다. 또 어떤 날엔 걸어도 걸어도 자신이 예전에 꽂아놓은 깃발을 발견하지 못할 때 자신이 그때보다 나

쓰지 않은 상황임을 알고 감사하는 마음을 갖는다. 명상을 접목한 걷기가 그들의 정신을 건강하게 만들어주는 것이다.

올바른 걷기로 활기찬 삶을 사는 마사이족

한때 '마사이족 걷기' 열풍이 뜨거웠던 적이 있다. 케냐 북부 나이로비에 살고 있는 마사이족은 하루 평균 3만 보를 걷는다. 특히 여성은 열 살이 되면 물동이를 머리에 이고 3만 보를 걸어야 하는 먼 길로 물을 뜨러 다닌다. 우리나라 성인의 하루 평균 걸음 수와 비교했을 때 매우 큰 차이가 난다. 우리나라 성인은 하루 고작 5,000보를 걷는다. 그나마 출퇴근하지 않으면 4,000보에 그친다.

맨발인 상태로 등을 꼿꼿이 펴고 팔을 앞뒤로 휘저으며 넓은 보폭으로 무려 시속 3~5km로 빠르게 걷는 걸음. 이게 바로 마사이족의 걷기 스타일이다. 발뒤꿈치→발 외측→새끼발가락 부근→엄지발가락 부근→엄지발가락 순으로 정확히 스텝을 밟기 때문에 맨발로 다녀도 그들의 발바닥에는 굳은살 하나 박혀 있지 않다. 이들의 걸음걸이는 척추를 곧게 세우고 허리를 튼튼하게 유지시켜준다. 올바른 걷기 자세가 활기찬 삶을 누리는 데 큰 원동력이 되고 있다.

잘 걷는 사람이 잘 자는 과학적인 이유

수면장애의 원인은 우리 몸속 생체 리듬의 혼란이다. 불규칙한 생활 패턴 등 여러 가지 이유로 무뎌진 자율신경계가 제대로 작동하지 못하는 것이다. 우리나라 성인 5명 중 1명은 불면증을 겪는 것으로 알려져 있다. 단순히 잠을 못 자는 것으로 끝나지 않고 낮 동안의 생활이 힘들 뿐 아니라 건망증이나 만성피로 등 신체적 반응까지 나타날 수 있어 예사로 넘길 일이 아니다.

그런데 잘 걷는 사람은 우울하지 않고 밤에 잠도 잘 잔다. 걷기만 잘해도 불면의 90%가 날아간다는 연구 결과가 많다. 왜일까? 앞에서도 언급했듯 걸으면 우리 뇌에서 행복을 느끼게 하는 호르몬인 세로토닌이 분비되기 때문이다. 정신과적으로 우울증은 뇌 속에 세로토닌이나 노르아드레날린 같은 '행복' 호르몬이 부족한 상태다. 전문가들이 처방하는 항우울제는 결국 세로토닌과 노르아드레날린의 양을 늘리는 약이다. 그런데 걷기 시작하면 우리 몸속에서 이런 행복 호르몬이 저절로 만들어진다. 단지 걷는 것만으로도 부족했던 호르몬이 채워지는 것이다.

걷는 동안 행복 호르몬으로 기분이 좋아졌다면, 밤에는 저절로 숙면할 준비가 된다. 세로토닌은 밤이 되면 수면 호르몬인 멜라토닌으로 바뀌기 때문이다. 그래서 걷기는 불면증을 겪는 환자들에게 추천하는 매우 중요한 치료법이다. 특히 오전에 걸으며 아침 햇볕을 쬐면 멜라토닌이 더 많이 활성화된다. 수면장애 환자에게 아침 걷기가 꼭 필요한 이유다. 단, 해 뜨기 전 새벽 운동은 피하는 것이 좋다. 새벽엔 우리 몸의 자율신경계가 여전히 휴식 모드여서 자칫 심근경색 등 예상치 못한 위험한 상황이 발생할 수 있다.

요요 없고 처짐 없는
최고의 다이어트 비법

걷기는 누구나 하기 쉽고 효과 또한 탁월하다. 그래서 최고의 다이어트 방법이기도 하다. 효과는 확실한데 부상의 위험이 극히 낮고 무엇보다 다이어트에 최적화되어 있기 때문이다. 사실 다이어트는 체중이 아닌 체지방을 줄이는 일이다. 체지방은 운동을 시작하고 반드시 일정 시간이 지나야 소모된다. 빠르게 걸을 경우 10~20분이 지나야 체지방이 분해되기 시작된다. 그러므로 30분 정도 부담 없이 지속할 수 있는 걷기야말로 다이어트에 딱 맞는 운동이다.

몸에 새겨진 체중의 기억을 다시 쓴다

우리 몸은 스스로를 보호하기 위해 언제나 기존의 상태를 유지하고 싶어 하는 성질이 있다. 그래서 우리가 오랫동안 유지했던 원래 체중을 기억하고 돌아가고 싶어 한다. 다이어트를 하는 사람들에게 요요현상이 닥치는 이유다. 걷기는 오랜 기간 부담 없이 할 수 있는 운동이라는 점에서 요요라는 창을 막아낼 수 있는 소중한 방패다. 천천히 몸이 새롭게 달라진 체중을 기억하게 해보자. 걷기가 당신의 몸에 새겨진 체중의 기억을 새로 쓰게 해줄 것이다.

걷기는 꾸준히 할 수 있어 요요가 없고, 낮은 강도로 스트레스 없이 지속할 수 있으며, 급격한 체력 소모로 인한 폭식으로부터 비교적 안전하다. 특히 공복에 하는 걷기는 체내에 쌓인 지방을 효율적으로 소모하므로 다이어트에 큰 효과를 발휘한다. 큰 힘을 들이지 않고 낮은 강도로 하는 운동이기 때문에 단시간 격렬한 운동을 할 때만큼 허기지는 일도 없다. 힘든 식단 조절과 거듭되는 스트레스, 그로 인한 폭식 장애를 겪고 있다면 꼭 걷기 운동을 시도해보길 바란다.

식욕 조절 호르몬을 설득하는 데 효과적이다

이 밖에도 걷기는 체중이 늘어나는 것을 막고 인슐린과 포도당을 조절하는 기능에 일조한다. 특히 식욕 조절 호르몬인 그렐린에 영향을 미쳐 공복감을 조절하는 데 도움을 준다. 직·간접적으로 체중 조절 전반에 관여하는 똑똑한 운동법이다. 한편 액티브 워킹과 파워 워킹처럼 강도 높은 걷기는 시상하부-뇌하수체에 영향을 줘 근육량 유지에 도움이 된다.

모든 운동은 꾸준히 지속적으로 해야 효과가 있다. 그런 의미에서 안정적이고, 기분 좋게 할 수 있는 걷기야말로 최고의 다이어트 비법이라 할 수 있다.

칼로리 소모와 체중 감량을 할 수 있는 최강 비법

일상적인 걷기는 30분에 약 79kcal를 소모한다. 빨리 걷기는 같은 시간에 105kcal를 소모한다. 칼로리 소비량이 1.3배 정도 많은 셈이다. 물론 정확한 수치는 개인의 키와 몸무게, 운동 지속 시간, 걷는 속도, 걷는 길의 경사도 등에 따라 달라질 수 있다. 그렇기 때문에 보다 정확한 자료를 얻기 위해서는 기초대사율(BMR)과 대사당량(MET)을 이용한 복잡한 방정식 계산을 거쳐야 한다. 하지만 요즘은 스마트폰 애플리케이션이 알아서 계산해주기 때문에 굳이 직접 계산하지 않아도 된다.

걷기가 체중 감량에 도움을 주는 또 다른 메커니즘이 있다. 바로 살이 잘 찌지 않는 몸으로 바꿔준다는 것. 꾸준히 걸으면 인체 생리학적으로 적응의 과정을 거쳐 대사 유연성이 높아지고 기초대사량은 증가한다. 기초대사량은 체온 유지, 호흡, 심장 박동 등 기초적인 생명 활동에 쓰이는 에너지의 양을 말한다. 일이나 운동을 전혀 하지 않고 조용히 휴식을 취하는 상태에서 소모되는 칼로리다. 기초대사량이 높아지면 평소 가만히 있을 때도 에너지 소비가 더 많아지는 셈이다.

PART 3

걷기 혁명!
액티브 워킹으로 시작하라

Chapter **1**

액티브 워킹은
건강한 삶의 필수 기술이다

워킹 밸런스 되돌려야
라이프 밸런스 살아난다

걷는 모습은 나이를 드러낸다. 걸음걸이는 어깨와 척추, 골반, 고관절, 무릎 등의 정렬을 동시에 드러내는 동작이기 때문이다. 등을 구부정하게 숙인 채 발뒤축을 끌며 걷는 사람은 나이 들어 보일 뿐 아니라 실제로 몸과 마음의 나이가 실제 나이보다 앞선 경우가 많다.

활기 넘치는 젊은 걸음을 되살리면 인생이 달라진다. 건강하고 젊은 걸음걸이를 만들자. 그러려면 자신감과 균형감이 필요하고 추진력을 끌어올리는 힘이 있어야 한다.

불안감 벗고 자신 있게 걸어야 젊어 보인다

부상이나 통증을 겪어본 사람은 움직이는 데 불안감을 느낀다. 불안감은 움직임 회피 반응을 불러일으켜 걸음을 망친다. 아플까 봐, 다칠까 봐 무서워 움츠러드는 것이다. 심지어 '움직임 공포증'이라는 공식적인 단어가 있을 정도다.

불안감은 긴장으로 이어진다. 과도한 긴장은 근육섬유 안에 자리하고 있는 신경들을 압박하고, 이로 인해 중추신경계로 전달되어야 할 정보가 원활하게 연결되지 않아 오류가 발생한다. 결국 관절의 가동 범위가 줄어들면서 다시 통증이나 부상으로 이어진다. 이렇게 악순환의 고리가 만들어진다. 이 불편한 고리에서 벗어나려면 통증이 생기지 않는 가동 범위를 설정한 후 천천히 반복적으로 움직여야 한다. 굳은 신경세포의 회로를 회복하고 경직된 관절을 이완시켜야 한다. 발목이나 무릎 움직임에 대한 불안감에서 벗어나면 걸음걸이에 자신감이 생기고, 자연스럽게 젊은 활기를 되찾을 수 있다. 가벼운 발걸음은 젊음의 다른 표현이라 해도 과언이 아니다.

걸음이 흔들리는 건 균형감에 자신이 없어서다

최근 '한 발 든 상태로 눈 뜨고 10초 서 있기'가 잘 안되는 경우 장수하기 어렵다는 연구 결과가 발표된 바 있다. 이는 낙상 사고 발생 가능성을 높이는 징후이기 때문이다. 낙상은 전 세계에서 예기치 않은 사망 원인으로 교통사고 다음을 차지할 만큼 매우 위험하다. 심할 경우 장애를 입거나 사망으로 이어질 수 있다. 따라서 근력이 약화되고 유연성과 균형감이 급격히 떨어지는 40대 이후 액티브 시니어들은 균형감각과 보행에 관심을 갖고 평소 스스로를 잘 관찰해야 한다.

한 발 서기를 해보자. 자신의 균형감각이 어느 정도 수준인지 인지할 수 있다. 선 채로 양말 신는 동작을 해보면 몸이 예전 같지 않다는 생각을 하게 될 것이다. 40대 이후에는 특히 몸이 보내는 신호에 주의를 기울여야 한다. 더불어 균형감각을 키우고 인지능력을 높이는 밸런스 운동을 해야 한다. 그래야 건강한 걸음걸이를 되찾을 수 있다. 요즘은 가정에서 사용할 수 있는 밸런스 운동 기구가 다양하게 나와 있다. 자신의 신체 능력에 맞는 것으로 골라 단련해보자.

자신감이 곧 근력 상태를 보여준다

근력은 삶의 에너지다. 최근 강한 운동으로 근육을 키우고 보디 프로필 사진을 찍는 사람들이 많은데, 이는 자신감을 키우기 위한 행위다. 실제로 근육을 키울수록 자신감이 커진다고 말한다. 운동할 때도 '이 정도는 거뜬히 해낼 수 있어!'라는 마음으로 미소 짓는 걸 볼 수 있다.

하지만 굳이 크고 우람한 근육을 키울 필요는 없다. 과도한 중량 운동과 근비대 운동은 근골격계 통증과 질환의 원인이 되기도 한다. 근육의 크기가 커질수록 근육과 뼈를 연결하는 건이 팽팽해져 스트레스가 가중된다. 건의 긴장도가 너무 높아지면 뼈까지 스트레스를 받는다. 보디빌더들이 만성통증에 시달리는 것도 이 때문이다. 꼭 필요한 만큼의 근육을 균형감 있게 단련하자. 자신의 몸을 유연하고 민첩하게 통제할 수 있다면 평생 내 발로 걷기 위한 토대로 충분하다.

근력은 몸을 움직일 수 있는 기본이자 활력을 만드는 양분이다. 에너지가 있어야 몸과 마음을 자신의 의지대로 움직일 수 있으며, 지치지 않고 하루 일과를 수행해낼 수 있다. 부상으로 깁스를 하거나 질병으로 인해 침상에 누워 지내는 시간이 길어지면 근손실이 빠르게 진행된다. 이런 경우 대부분 부상이나 질병에서 벗어난 뒤에도 한동안 몸을 움직일 때 불편함을 호소한다. 움직일 때마다 부상 부위에 충격이 오는 것처럼 느껴지기도 하고, 몸이 중심을 잃고 휘청거리는 듯한 느낌이 들기도 한다. 그래서 근손실을 경험한 환자들은 치료와 함께 가벼운 운동으로 자신감을 회복하는 활동을 병행해야 한다.

발이 아니라
온몸으로 걸어라

걷기 능력을 좌우하는 것은 무엇일까? 굵은 허벅지와 발달된 종아리 근육이 폭발적인 힘을 분출할 것 같지만, 운동선수가 아닌 이상 근육의 많고 적음은 그리 중요하지 않다. 물론 걷기에 있어 근력은 필수지만, 그에 못지않게 각 근육의 협응력과 신경의 예민도, 균형감각 등이 걷기에 직접적인 영향을 미친다.

바르게 걷기의 핵심은 협응력이다

걷기는 우리 몸을 잡아당기는 중력을 버텨내고 똑바로 설 수 있게 할 뿐 아니라 앞으로 나아가게 하는 동작이다. 몸을 추진할 때 전신 근육이 유기적으로 균형 있게 사용되는데, 그중 엉덩이 근육인 대둔근과 다리 근육인 햄스트링, 그리고 허벅지 근육인 대퇴사두근이 크게 작용한다. 이뿐만이 아니다. 척추기립근이 몸의 중심을 잡아주고 장요근이 상반신을 안정적으로 떠받쳐준다. 한쪽 다리에서 다른 쪽 다리로 중심이 이동할 때는 중둔근이 골반의 평형을 유지해준다. 이처럼 보행 시 많은 근육이 관여한다. 그런데 대퇴사두근이나 햄스트링 등 걷기에 쓰이는 근육들은 근육의 크기나 두께가 아니라 얼마나 민첩하게 잘 사용하느냐가 중요하다.

나이가 들면 근육은 빠질 수밖에 없다. 예순이 넘었는데 사과처럼 동그란 엉덩이를 갖는 건 사실상 불가능하다. 그러나 근육의 크기는 줄어도 걷기를 통해 해당 근육들을 계속 민첩하게 사용할 수 있다면 충분히 보완 가능하다. 즉 근육 간의 협응력이 좋으면 근육의 크기가 작아져도 건강하게 걸을 수 있다.

척추와 관절은 걷기의 숨은 조력자

흔히 걷기는 고관절과 무릎, 발목 정도의 관절이 작용하는 동작이라고 생각한다. 그건 오해다. 인체의 움직임과 척추의 기능에 대해 연구한 핵물리학자 세르게이 글라코보스키 박사는 "인간의 보행을 가능하게 하는 엔진은 바로 척추"라고 주장했다. 일반적으로 발이 움직이면 저절로 다리와 무릎, 골반이 움직이면서 걷게 된다고 생각하지만, 장애나 사고로 사지가 없는 사람들이 골반과 척추의 움직임만으로 걷는 모습을 볼 수 있다. 그만큼 척추의 기능이 걷기에 미치는 영향은 상당하다. 따라서 척추협착증이나 허리디스크 등의 질환을 갖고 있는 사람은 걷는 데 어려움을 느낄 수 있다. 하지만 그럴수록 걸어서 본래의 기능을 회복하도록 노력해야 한다. 무리해선 안 되지만 걸을 수 있는 범위 안에서 쉬엄쉬엄 걸어보자. 걷지 않는 것보다 조금이라도 걷는 쪽이 낫다는 것을 항상 기억해야 한다.

어깨관절도 중요하다. 걸을 때 팔을 전혀 움직이지 않으면 균형감 있게 걷기 어렵다. 평소의 자연스러운 움직임과 반대로, 왼발을 앞으로 내디딜 때 왼팔을 앞으로 내밀면 부자연스러운 느낌에 걸음을 멈추게 된다. 그만큼 두 팔을 앞뒤로 흔드는 동작이 걸음걸이의 리듬을 만드는 데 중요한 역할을 한다.

무릎관절 시계를 스무 살로 되돌려라

나이가 들수록 무릎이 바깥으로 휘며 O자형 다리로 변한다. 그에 따라 걸음걸이도 다리 사이가 둥글게 벌어진 노인의 걸음이 된다. 죽을 때까지 곧고 반듯한 젊은 무릎을 지키려면 어떻게 해야 할까? 관절 건강 지키는 습관을 숙지해 스무 살 관절로 돌아가보자.

재생 불가인 연골 아끼기

무릎관절, 즉 무릎 연골은 두께가 3~8mm에 불과한 얇은 막이다. 게다가 무릎 연골에는 신경세포가 없다. 만약 무릎 통증을 느낀다면 이미 연골이 닳고 닳은 상태라고 할 수 있다. 연골은 한 번 손상되면 재생되기 어렵다. 혈관이 없는 조직이라 손상이 계속되면 결국 관절염으로까지 이어진다. 특히 연골이 모두 마모될 경우 인공관절로 치환하는 수술밖에 다른 해법이 없어 각별한 주의가 필요하다.

모든 형태의 다리 꼬는 자세 절대 금지

무릎관절을 지키려면 반드시 하지 말아야 할 자세가 있다. 먼저 관절에 최악의 자세라 할 수 있는 '쪼그려 앉기'다. 무릎관절에 몸 전체 체중이 실려 과도한 하중이 가해지기 때문이다. 관절 연골과 반월상 연골판이 쉽게 손상되는 자세인 만큼 금해야 한다.

다음으로 양반다리다. 우리나라 사람이라면 바닥에 앉을 때 누구나 자연스럽게 하는 자세지만 관절에는 치명적이다. 양반다리를 하면 무릎이 130도 이상 꺾여 체중의 7~8배에 달하는 힘이 관절에 실린다. 습관적으로 계속하면 연골판에 좋지 않은 영향을 주고, 골반이 틀어져 고관절과 허리에까지 악영향을 미친다.

의자에 앉을 때도 주의가 필요하다. 의자에 앉아 한쪽 다리를 꼬는 자세가 좋지 않다는 것은 잘 알려져 있다. 그런데 다리를 쭉 펴서 양쪽 발목을 교차해 꼬는 자세가 이보다 더 위험하다는 사실을 아는 사람은 많지 않다. 관절 비대칭은 물론 발목관절 변형까지 일으킬 수 있는 자세이므로 자제해야 한다.

중립 척추 만들기

정상적인 척추는 S라인 커브를 그리고 있고, 신체 동작에 따라 무리 없이 유려하게 움직인다. 그러나 척추가 앞이나 뒤로 너무 꺾이거나 옆으로 기울어지면 허리의 부담이 커진다. 그리고 보행 시 그 충격은 가중된다. '중립 척추'는 이렇게 척추에 가해지는 압박을 최소화하도록 척추가 이상적으로 배열된 상태를 말한다.

젊은 무릎 만들기는 척추를 올바르게 세우는 습관에서 시작된다. 척추로부터 가해지는 하중이 무릎에서 심화되기 때문이다. 따라서 척추를 바로 세우기 위해 늘 바른 자세를 취해야 한다.

적정 체중 유지

좋은 자세를 갖는 것만큼 적정 체중을 유지하는 일도 매우 중요하다. 1kg의 체중이 불어나면 통상 3~5배의 하중이 무릎에 가해진다. 5kg이 늘면 무릎은 20kg의 하중을 더 받는 셈이다. 과체중과 비만이 무릎 건강에 얼마나 위협적인지 알 수 있다. 적정 체중을 유지해야 관절 건강도 챙길 수 있다는 사실을 기억하자.

무릎을 보호하는 허벅지 근육

탄탄한 대퇴사두근과 햄스트링은 무릎을 보호하는 절대적인 존재다. 우리가 걷거나 뛰거나 계단을 오르내릴 때 지면에서 받는 충격을 흡수해주는 근육이기 때문이다. 무릎이 안 좋다고 해서 운동을 피하면 안 되는 이유가 여기에 있다. 통증이나 염려 때문에 움직임을 피하면 근손실이 계속 발생하고, 무릎관절 역시 약해질 수밖에 없다. 관절 보호를 위해서라도 허벅지를 탄탄하게 단련해야 한다.

그 외에 주의해야 할 것

굽이 높은 구두는 무릎 연골이 물렁물렁해지는 연골연화증을 부르고 퇴행성 관절염을 가속화한다. 특히 하이힐은 신지 않는 것이 좋다. 근육을 보호하기 위해 사용하는 무릎보호대 역시 지나치게 조일 경우 관절 건강에 독이 될 수 있으므로 사용 시 주의를 기울인다.

액티브 워킹의 핵심은
보행 사이클대로

　　　　　액티브 워킹의 핵심은 보행 사이클을 토대로
한 발바닥 3단계 걸음에 있다. 반드시 뒤꿈치부터 시작해 발바닥 중
간을 거쳐 발가락 끝으로 옮겨가야 한다. 걸을 때 내 발이 지면과 어
떻게 만나고 떨어지는지 발바닥에 집중해보자. 먼저 지면에 닿는 뒤
꿈치는 체중에 대해 중력이 작용하는 충격을 흡수하고, 중간 발바닥
부분은 이동하는 몸의 균형을 잡는 역할을 한다. 발가락을 포함한
앞쪽은 몸을 앞으로 밀어 이동시키는 추진력을 담당한다.

보행이 이루어지는 2단계 과정

　　하지의 반복적인 운동으로 몸의 중심이 앞으로 이동하는 것이 보

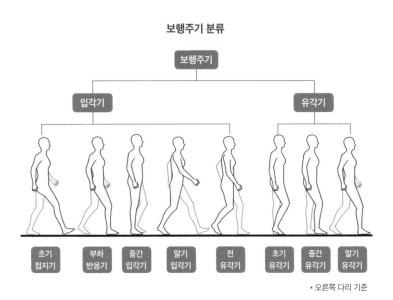

보행주기 분류

보행주기

입각기   유각기

초기 접지기 / 부하 반응기 / 중간 입각기 / 말기 입각기 / 전 유각기 / 초기 유각기 / 중간 유각기 / 말기 유각기

• 오른쪽 다리 기준

행, 즉 걷기다. 보행의 단계는 크게 발이 지면에 닿는 '입각기'와 발이 공중에 뜨는 '유각기'로 구분한다. 각각의 단계는 다시 소모되는 시간별로 사이클이 나뉜다. 보행주기로 볼 때 입각기는 전체 과정의 60%, 유각기는 40%의 비중을 차지한다.

입각기

제자리에 서 있는 상태라는 뜻의 입각기는 발이 지면에 닿아 있을 때 일어나는 과정이다. 오른쪽 다리로 예를 들면, 보행 사이클 중 오른발의 뒤꿈치가 지면에 접지한 후 오른발의 앞꿈치가 접지할 때까지의 사이다. 즉 발뒤꿈치부터 닿아 발가락이 지면에서 떨어지는 순간까지로, 5개의 과정으로 나뉜다.

① 초기 접지기 Initial contact

발뒤꿈치를 땅에 대는 눈 깜짝할 사이의 단계를 말한다. 고관절은 굽혀지고 무릎관절은 다 펴지며, 발목관절은 몸통 쪽으로 향한다. 지면의 반발력을 가장 강하게 받는 단계다.

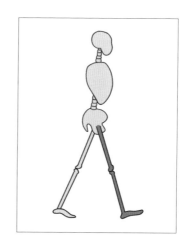

② 부하 반응기 Loading response

발바닥이 지면에 눌리면서 반대쪽 발의 발뒤꿈치가 지면에서 떨어지는 단계다. 전체 보행주기 중 10% 이내로 아주 짧은 순간이다. 말 그대로 충격 흡수가 일어나는 중요한 단계다.

③ 중간 입각기 Mid stance

다리가 완전히 수직으로 똑바로 서는 단계(전체 보행주기의 30% 이내)다. 보행주기 중 처음으로 한쪽 다리로만 체중이 지탱되는 단계다. 발의 앞쪽(전족)으로 이동될 때까지 지속되며, 반대편 다리가 앞쪽으로 계속해서 전진하고 있어 안정성이 매우 중요하다.

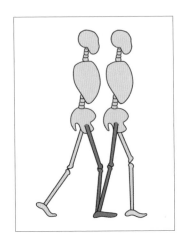

④ 말기 입각기 Terminal stance

발뒤꿈치가 지면에서 떨어지는 단계로 전체 보행주기 중 50% 지점이다. 발뒤꿈치가 들릴 때 시작되어 반대쪽 발이 지면에 닿기 시작할 때 끝난다. 한쪽 발로 지탱되던 체중이 발의 앞쪽을 지나 반대쪽 발로 넘어가는 과정이다. 발목

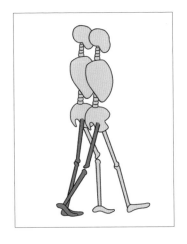

과 발가락의 바닥 쪽으로 굽히는 근육들이 활성화되며 종아리 뒤쪽에도 상당한 힘이 요구된다.

⑤ 전 유각기 Pre-swing

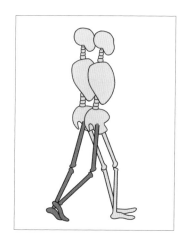

입각기가 마무리되면서 유각기로 넘어가는 단계다. 말 그대로 '전' 유각기이기 때문에 아직 발이 지면에서 떨어지기 전이다. 동시에 반대쪽 발의 초기 접지기가 시작되는 단계다. 전체 보행주기의 60% 지점으로, 발에 지탱되던 체중이 반대쪽 발로 넘어가는 동시에 발이 지면에서 떨어지기 시작한다. 발이 떨어지면서 앞으로 미는 힘을 더해 전진하기 위한 방향을 준비하는 단계다.

유각기

발이 공중에 떠 있는 상태다. 지면을 떠난 발이 다시 지면에 닿기 전까지 공중에서 만드는 과정이다. 즉 발이 떨어지는 순간부터 다시 발뒤꿈치가 지면에 닿는 순간까지다. 걷기 전체 과정의 약 40%를 차지한다. 이때 반대쪽 다리는 입각기에 들어선 상태다.

① 초기 유각기 Initial swing

발가락이 지면에서 떨어지기 시작하는 단계로, 이때 무릎이 가장 많이 구부러진다. 발이 지면에서 완전히 떨어지기 시작하면서 반대쪽 다리가 초기 접지기일 때 끝난다.

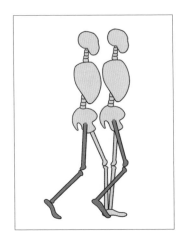

② 중간 유각기 Mid swing

중간 입각기와 비슷한 모습이다. 스윙하는 발이 입각하는 쪽과 반대로 시작되며, 스윙하는 쪽 발의 정강뼈가 지면과 수직이 되면 끝난다. 즉 스윙하는 동안 반대쪽 다리를 지나치는 시점이다.

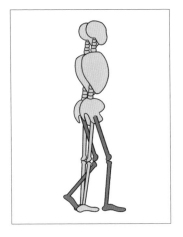

③ 말기 유각기Terminal swing

발을 앞으로 내디뎌 발뒤꿈치를 지면에 대기 전까지의 시간이다. 스윙하는 정강뼈가 수직으로 시작해 발이 지면에 닿는 시점에서 끝이 난다. 유각기의 마지막 단계인 동시에 보행주기가 마무리된다. 한편 새로운 입각기를 준비하는 단계다.

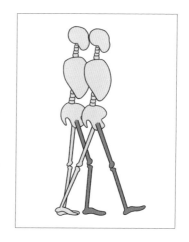

모든 일은 순식간에 이루어진다

뒤꿈치를 지면에 대면서 발가락이 지면을 떠나는 순간까지의 시간 체크는 중요한 의미를 지닌다. 건강한 사람이라면 0.6~0.8초 사이에 발이 지면에서 떨어져야 한다. 뒤꿈치가 늦게 떨어지는 경우 경도 인지장애, 신경질환자, 신경병변환자 등일 가능성이 높다. 하지에 심각한 손실이 있는 경우도 마찬가지다. 늦게는 1초까지 시간이 걸린다. 건강한 사람은 이 모든 과정이 순식간에 일어난다. 원격의료 시스템에서는 신발 깔창에 센서를 달아 환자의 발걸음을 체크하는데, 이러한 보행의 변화 양상으로 환자의 건강 상태를 파악한다.

유전도 거스르는
추진력의 엄청난 힘

사람은 모두 다르다. 얼굴이 다른 것처럼 몸도 다르다. 해부학적 구조로 보면 똑같은 개수의 뼈와 근육으로 이루어져 있다 하더라도 생김새가 모두 다르고, 타고난 능력치도 큰 차이가 난다. 쌍둥이조차 습관과 환경에 따라 다르게 성장하듯 우리 몸도 사용 방법과 단련 여부에 따라 달라진다. 기능이 구조보다 중요하고 미치는 영향이 크기 때문이다. 바르게 걷는 것만으로도 바른 정렬을 되찾을 수 있다는 믿음을 갖고 걷기를 시도해보자. 실천하는 힘이 인생을 바꾼다.

보행 자극이 엉덩이와 종아리 근육까지 자극한다

흔히 '애플힙'이라고 하는 사과처럼 동그랗고 탄탄한 엉덩이, 차돌처럼 단단한 허벅지, 날렵하고 길쭉한 종아리 근육을 원한다면 걷기 운동이 좋다. 보행 자극은 전신의 근육과 관절에 직접적인 영향을 미치는데 그중에서도 엉덩이, 허벅지, 종아리 등 하체 근육을 크게 변화시킨다.

엉덩이 근육

걷기는 엉덩이 근육을 활성화시키는 효과가 있다. 넓은 보폭으로 걸으면서 엉덩이 부위에 힘이 들어가는 걸 느끼는 게 무엇보다 중요하다. 특히 허벅지 뒤쪽 근육이 엉덩이를 위로 쭉 밀어 올리는 감각에 집중한다.

대퇴사두근

대퇴사두근은 무릎관절을 보호하고 통증을 줄여주는 역할을 한다. 걷거나 달릴 때 폭발적인 힘을 발휘하는 근육이기도 하다. 평소 스쿼트나 런지, 계단 오르기 등을 꾸준히 하면 허벅지 근육이 강화되어 오래 걸을 수 있는 기초체력이 다져진다. 걷기는 허벅지의 지방을 해소하고 근육을 아름답게 다듬어주는 효과가 뛰어난 운동이다.

종아리 근육

심장에서 출발한 혈액이 동맥과 모세혈관을 거쳐 정맥을 통해 다시 심장으로 돌아갈 때 펌프 역할을 하는 부위가 바로 종아리 근육이다. 종아리 근육이 약하거나 뻣뻣해서 펌프 기능을 제대로 하지 못하면 앉아 있다가 일어설 때 갑자기 현기증이 오는 기립성 저혈압이 발생할 수 있다. 서서 뒤꿈치를 들었다 내리는 동작을 꾸준히 하면 종아리 근육을 단련하는 데 도움이 된다. 걷기를 통해 종아리 근육에 긴장감을 부여하면 근력이 강화되면서 심혈관계 질환이 호전되는 효과를 기대할 수 있다.

근막은 유연하게, 힘줄은 탄력 있게

근막과 힘줄은 근육과 관절을 보호하고 유연하게 움직일 수 있도록 돕는다. 근막은 피부 안쪽에 또 하나의 얇은 피부가 있는 것처럼 전신의 근육을 감싸고 있는 보디슈트 같은 조직이다. 끈적끈적한 성질과 함께 외부 충격을 유연하게 받아 흡수하고 전달할 수 있는 탄성을 지니고 있다. 근육의 외부를 둘러싸서 보호하며 다른 골격 구조와 함께 외형을 유지시켜준다. 족저근막중, 근막통증증후군 등의 용어로 귀에 익은 명칭일 것이다. 힘줄은 근육을 뼈에 붙여 수동적으로 관절을 안정시키는 역할을 한다. 또 근육의 수축력을 이용해 관절을 움직이게 한다. 강하고 유연하며 수축성이 없는 치밀한 결합조직이다.

잘 걷기 위해서는 근막은 유연해야 하며 힘줄은 탄력적이어야 한다. 특히 발에 분포하고 있는 근막과 힘줄은 보행의 최전선에 위치해 있기 때문에 항상 민감하게 살아 있어야 추진력을 만들 수 있다. 발의 근막과 힘줄이 경화되어 감각이 떨어지면 마치 녹이 슨 것처럼 삐걱거리며 걷게 되고 걸을수록 문제가 발생한다. 꾸준한 관리를 통해 발의 근육과 힘줄, 관절이 가진 본래의 기능을 되살려야 자연스럽고 편안하게 걸을 수 있다.

용기를 내 울프의 법칙을 따르라

부상이나 질환 때문에 통증이 생기면 움직임이 점점 줄어든다. 통증의 고통을 반복하고 싶지 않아 회피하는 것이다. 그런데 통증을 느낀다고 해서 움직이지 않으면 몸의 가동 범위가 점점 줄어들고, 긴장으로 인해 또 다른 부상이나 통증이 생길 수 있다.

독일의 외과의사 율리우스 볼프가 발견한 '울프의 법칙'을 떠올려보자. 건강한 사람이나 동물의 뼈는 가해지는 부담이나 충격에 따라 변형되며, 외부에서 지속적으로 가해지는 충격이나 부담으로 인해 오히려 뼈가 단단하고 강해진다는 이론이다. 뼈의 내부 구성 조직인

골소주는 외부 충격에 의해 두꺼워지고, 외부 조직 역시 이에 맞춰 변형되기 때문이다.

이 원리는 뼈에 가해지는 부담이 줄면 뼈가 다시 약해진다는 의미로 해석할 수도 있다. 운동선수의 뼈가 일반인보다 튼튼한 경우나 운동 부족이 골다공증의 주요 원인이 되는 이유 등도 같은 원리로 설명할 수 있다.

불안감이 엄습할수록 용기를 내야 한다. 자신감을 갖고 움직여야 불안을 이겨낼 수 있다. 그 용기가 당신의 몸을 더 유연하고 튼튼하게 만들 것이다.

인체해부학 기초만 알면 액티브 워킹 시작된다

걷기는 상체·하체의 모든 근육을 활용한 전신 운동이다. 그러나 특별히 더 많이 사용하는 하체 근육들이 있다. 걷기에 쓰이는 주요한 근육은 대퇴사두근, 대둔근, 중둔근, 햄스트링, 하퇴삼두근, 척추기립근, 내전근, 전경골근, 장요근, 고관절 등이다. 가장 중요한 발 근육도 빼놓을 수 없다. 이 근육들에 대한 해부학적 정보를 알고 있으면 보다 안정적인 걷기가 가능하다.

가장 크고 힘이 센 근육
대퇴사두근

허벅지 앞쪽에 자리한 큰 근육군이 대퇴사두근이다. 척추 아래 장골에서부터 흘러나와 슬개골과 경골 앞면으로 붙어 있다. 쉽게 말해 골반에서 시작해 무릎 밑까지 이어진다. 대퇴직근, 내측광근, 외측 광근, 중간광근 4개의 근육으로 구성되어 있다. 다리를 펴거나 구부 릴 때 우리가 일상적으로 가장 많이 사용하는 근육인 동시에 걷거나 달릴 때 폭발적인 힘을 발휘하는 근육이다. 인체가 바르게 걷는 데 가장 중요한 근육이라 할 수 있다.

걸을 때 입각기의 첫 번째 동작인 발뒤꿈치를 갖다 대는 동작에서 큰 힘을 쓴다. 고관절을 앞쪽으로 들거나 구부릴 수 있게 끌어주기 도 한다. 무릎을 잡아주는 역할을 하기 때문에 약해지지 않도록 계 속 단련하는 것이 중요하다.

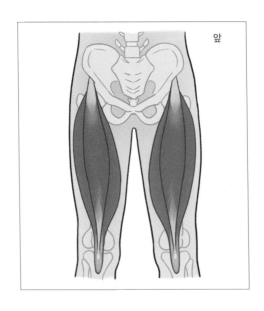

앞

당당한 걸음의 메인 근육

대둔근

엉덩이 근육은 몸 전체의 근육을 잡아주는 중심부 근육이다. 다리를 바깥쪽으로 돌리거나 허벅지를 뒤로 잡아당기는 기능을 하는 대둔근, 대둔근 안쪽의 골반과 대퇴골을 연결해 고관절의 움직임과 안정화를 돕는 중둔근, 가장 안쪽에 위치해 골반이 안정적으로 움직이게 하는 소둔근으로 구성되어 있다. 둔근이 약해지면 보행이 불안해지고 자세 역시 불균형해진다. 엉덩이 근육을 반드시 단련해야 하는 이유다.

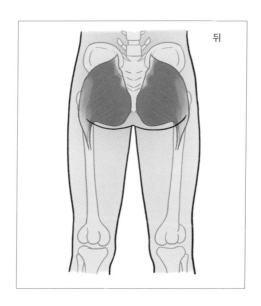

흔들리지 않는 걸음걸이를 만드는 대둔근은 척추 밑 천골과 장골, 미골에서부터 대퇴뼈로 비스듬하게 붙어 있다. 보행주기 중 특히 말기 입각기에서 전 유각기까지 지지 다리가 뒤로 이동하면서 몸의 무게중심이 추진력과 함께 앞으로 나아갈 수 있게 해주는 원동력이 된다. 넓적다리를 뒤쪽으로 빼주는 기능도 한다.

골반 안정감 높이는 코어 근육
중둔근

중둔근의 중요성도 대둔근 못지않다. 중둔근이 약하면 보행 시 골반이 양쪽으로 밀린다. 남성의 경우 엉덩이가 삐쭉대는 걸음걸이를 피하려고 중둔근에 힘을 주는데, 이때 어깨가 건들거리는 걸음걸이가 나타나기도 한다. 특히 한 발에 힘을 실을 때 중둔근이 힘을 잘 써줘야 쓰러지지 않는다. 뿐만 아니라 중둔근이 약해지면 안짱걸음이 되기 쉽다. 그러면 걸을 때마다 무릎에 무리가 가고, 평발일 때 나타나는 갖가지 부작용까지 발생할 수 있다.

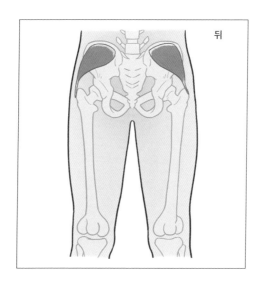

뒤

몸통 건강 책임지는 핵심 근육

척추기립근

척추기립근은 척추를 따라 허리, 흉추, 목까지 깊숙이 붙어 있는 근육으로, 우리 몸의 중심을 지탱해 척추를 꼿꼿하고 바르게 세워준다. 몸의 자세를 결정짓는 근육이라 해도 과언이 아니다. 가장 중요하고 많이 사용하지만 가장 관리를 못 하는 근육이기도 하다. 틀어지면 주변 근육과 뼈, 관절에 악영향을 끼친다. 척추기립근이 약해지면 주변 근육도 약해져 그만큼 허리가 쉽게 손상된다. 척추기립근 건강을 놓치면 척추측만증 등 허리 관련 질환이 따라오는데, 무엇보

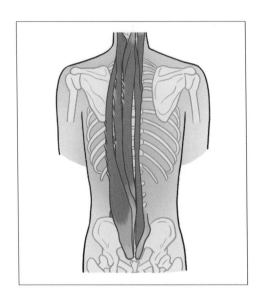

다 무서운 것은 이 근육이 약해지면 등과 허리가 굽는다는 데 있다.

척추기립근은 앉거나 일어설 때뿐 아니라 보행 시에도 매우 중요한 역할을 한다. 따라서 연령대가 높을수록 척추기립근을 강화해야 바른 보행 자세를 유지할 수 있다.

'쩍벌 다리' 막아주는 매너 근육
내전근

내전근은 치골에서 시작해 대퇴골 안쪽부터 무릎 아래까지 이어져 있다. 치골근, 단내전근, 장내전근, 대내전근, 박근 총 5개의 근육

으로 구성되어 있다. 고관절의 내전, 즉 다리를 모으고 골반을 안정시키는 역할을 한다. 걷거나 운동할 때 골반이 바깥으로 틀어지는 것을 막아주고, 몸의 중심축을 유지하며 전신을 안정화시킨다.

다리 꼬기 등의 잘못된 생활습관과 자세로 인해 굳어지기 쉬운 근육이다. 내전근이 단축되면 골반이 틀어지거나 고관절에 통증이 발생할 수 있다. 내전근이 약해진 이들에게 흔히 보이는 모습이 다리를 넓게 벌리고 앉는 이른바 '쩍벌' 자세다. 쩍벌 자세를 피하려고 다리를 꼬는 사람들이 많은데, 다리 꼬기가 습관이 되면 신체 불균형이 되는 등 더 큰 문제와 맞닥뜨릴 수 있다. 골반과 무릎 등 하체 안정성에 결정적인 역할을 하는 만큼 내전근이 과하게 단축되거나 약해지지 않도록 노력을 기울여야 한다.

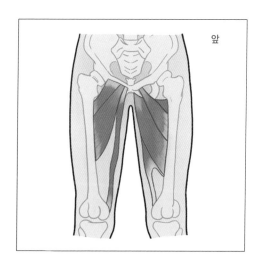

앞

허벅지를 들어 올리는 강한 근육
장요근

    장골근과 요근을 묶어 장요근이라고 한다. 척추에서 골반 앞쪽, 그리고 허벅지로 이어지는 근육이다. 장요근은 몸의 균형을 잡고 안정적인 자세를 유지하며 걷거나 달릴 때 허벅지를 들어 올리는 역할을 한다.

    장요근이 약해지면 다리를 많이 들어 올릴 수 없어 보폭이 좁아지고 보행 속도가 느려진다. 발이 걸려 넘어지는 사고도 자주 발생한다. 또 앉을 때 허리를 곧게 세우지 못해 구부정한 자세가 된다. 요통이 있는 경우 대부분 장요근이 타이트하게 굳어져 있는 상태라 할

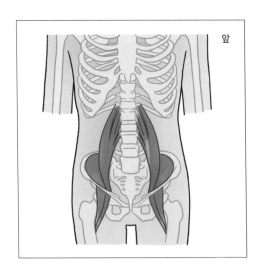

앞

수 있다. 의자에 오래 앉아 있는 생활 패턴이 장요근을 짧게 만든다. 장요근이 짧아지면 골반의 과도한 전방경사가 만들어져 바르게 서지 못한다. 이처럼 골반이 심하게 앞으로 숙여질 경우 허리는 과하게 긴장되고 엉덩이는 뒤로 빠지며, 아랫배가 앞으로 나오는 체형이된다. 허리 관련 질환도 발병하기 쉽다.

안정된 걸음걸이의 중심
고관절

우리 몸에서 가장 크고 안정적인 관절로, 골반과 대퇴골을 이어준다. '엉덩관절'이라고도 부른다. 고관절은 보행 시 체중의 3배, 달릴 때는 10배 가까운 하중을 견딘다. 하지만 정렬 상태가 좋지 않거나, 근육이 불균형한데 걷는 횟수에 집착하거나, 심혈관 강화 혹은 대사성 질환 관리 또는 체중 관리 등 여러 가지 이유로 강도 높은 걷기를할 때 고관절에 독을 들이붓는 결과를 초래할 수 있다. 무리하게 경사가 급한 곳을 걷는 것도 조심해야 한다.

고관절이 뻣뻣한 사람들은 걸을 때 고관절이 안으로 혹은 바깥으로 눈에 띄게 돌아가는 증상을 보이는데, 이에 대한 보상작용으로 척추가 과도하게 쓰이면서 허리나 골반에 통증이 나타날 수 있다. 전신의 관절이 자연스럽게 정렬되고 불균형이 없는 상태에서 걷기를

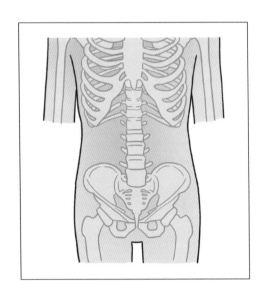

시작해야 한다. 몸의 균형이 흐트러져 있는 상태에서 걷기를 반복하면 몸에 무리가 올 수 있다.

고관절은 우리 몸을 온전하게 떠받치고 있는 만큼 과체중으로 인해 손상되기 쉽고, 염증이 생기면 통증 역시 엄청나다. 다리 꼬기 등 평소 바르지 않은 자세와 굽 높은 신발, 과도한 운동 등을 피해야 고관절 건강에 이롭다. 특히 고관절 상태가 좋지 않다면 요가나 필라테스, 러닝, 사이클, 야구 등 고관절을 구부리는 동작이 많은 운동은 삼가는 것이 좋다. 고관절 기능 회복에는 수영이나 아쿠아로빅 같은 수중운동을 추천한다.

무릎 움직임 안정화하는 파워 근육

햄스트링

대퇴사두근 반대편에 붙어 있는 햄스트링은 엉덩이 아래 좌골에서 시작해 종아리뼈의 내측과 외측부에 연결되어 있다. 햄스트링은 골반, 허벅지, 무릎관절의 움직임을 담당하며 보행에서 반복적으로 교차되는 다리의 움직임을 가능하게 해준다. 특히 보행 시 수축과 이완을 적절히 반복하면서 무릎의 움직임을 안정화시키는 역할을 한다. 장시간 앉아서 생활하다 보면 골반이 뒤로 기운 채 푹 꺼진 소파에 앉은 것처럼 자세가 무너지는 경우가 많다. 이때 햄스트링이 긴장으로 인해 짧아지는데, 자리에서 일어나 걸을 때 무릎을 굽혔다

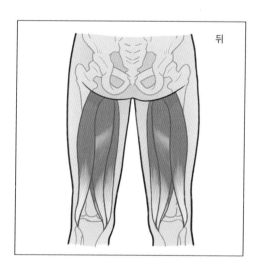

뒤

퍼는 동작을 방해해 무릎 통증을 유발한다. 더 나아가 햄스트링이 과하게 짧아지면 골반을 뒤로 기울게 하고, 반대로 과하게 늘어나면 골반을 앞으로 기울게 만들어 허리 통증을 불러일으키기도 한다.

다리에 붙은 '제2의 심장'
하퇴삼두근

흔히 말하는 종아리 뒤쪽 근육들을 하퇴삼두근이라 한다. 비복근과 가자미근으로 구성되어 있으며, 발끝으로 지면을 힘차게 밀면서 빠른 속도로 나아가게 하는 역할을 한다. 발목의 움직임을 좌우해 보행 기능에 미치는 영향이 절대적이다.

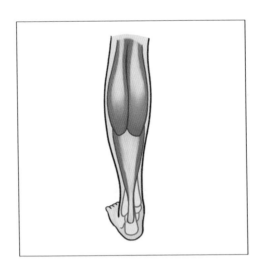

하퇴삼두근은 '제2의 심장'으로도 불린다. 하체에 몰린 혈액을 펌프질해 심장으로 보내는 역할을 하기 때문이다. 평소 이 근육이 힘차게 수축해야 혈액순환이 원활하고 심장에도 무리가 가지 않는다. 하퇴삼두근은 근감소증이 있는지 근육량을 가늠하는 기준점이 되기도 한다. 전신 근육량은 종아리 둘레에 비례하기 때문이다.

걸을 때 뒤꿈치가 들리거나 뒤꿈치부터 바닥에 닿는 순간 이 근육이 사용된다. 그런데 하퇴삼두근이 줄어들었다 늘어나는 근기능에 문제가 생길 경우 엄지발가락이 지면을 떠날 때 압력 중심이 흔들리고 발목이 돌아가면서 다리가 휘청거릴 수 있다.

직립보행의 큰 기둥
전경골근

종아리 앞쪽 정강이 주변 근육이 전경골근이다. 발끝을 위로 잡아당기고 엄지발가락을 몸쪽으로 당겨 고정해주며 발이 땅에 끌리는 것을 막는 등 발을 지지하는 역할을 한다. 직립보행에 아주 중요한 근육이다.

노화 등으로 인해 이 근육이 약해지면 보폭이 좁아질 뿐 아니라 보행 속도 역시 현격히 느려진다. 또 무리한 걷기나 운동 등으로 손상되거나 과긴장하면 발과 발목, 정강이 부근에 통증이 발생한다.

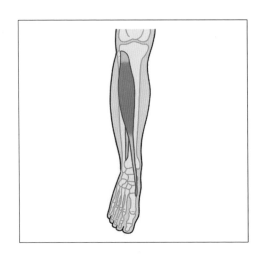

정교하고 세밀한 구조물, 발의 코어
발 내재근

    발은 한쪽에만 무려 26개의 뼈와 33개의 관절을 갖추고 있다. 다시 말해 매우 정교하고 세밀한 구조로 이루어져 있다. 그래서 발은 지면에 닿을 때 아주 현란한 움직임으로 압력 중심을 유지하고 앞으로 추진해 나간다. 발의 뼈와 관절, 그 주변 근육들이 건강한 상태가 아니라면 척추와 골반이 제아무리 건강해도 제대로 걸을 수 없다. 실제로 발은 보행 과정의 70% 수준의 기능을 담당한다. 걸을 때 눈의 역할은 10%, 머릿속 전정기관은 균형을 잡는 역할로 20%를 맡는다. 나머지가 발의 역할이다. 발의 기능을 정확히 이해하고, 어떤 상황에서 그

기능이 떨어지는지 이해하면 계속 좋은 보행을 할 수 있다. 일시적으로 기능이 나빠진 상태라 해도 금세 회복이 가능하다.

발 근육은 외재근과 발 내부에 있는 내재근으로 나눌 수 있다. 외재근은 비복근, 가자미근, 후경골근, 전경골근 등 여러 근육이 발까지 이어져 내려온 근육으로, 내재근에 비해 길이가 길고 근육량이 많다. 발목을 여러 방향으로 움직이고 발가락을 구부렸다 폈다 하는 운동을 주관한다. 내재근은 발바닥에 있는 근육으로, 발의 구조적인 안정성을 담당한다. 일종의 발의 코어다. 발 내재근이 약화되면 발 아치가 낮아져 발볼이 넓어지고 평발이 되거나 발바닥이 얇아진다. 그러면 족저근막증, 지간신경종 등의 증상이 나타나기 쉽다.

발을 접질리거나 족저근막증 같은 발 관련 질환을 예방하기 위해서는 발 외재근과 내재근의 협응력이 무엇보다 중요하다. 보행의 스트레스를 받아내고 걸을 때 원활하게 추진해 앞으로 나아가려면 발 근육 훈련을 꾸준히 해야 한다.

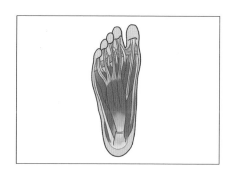

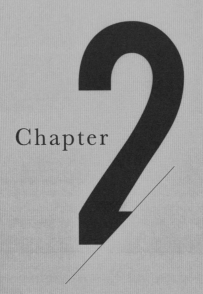

Chapter **2**

바른 자세로 걸어야
평생 걸을 수 있다

바르게 서 있는 것도
쉬운 일이 아니다

 바르게 걷기 위해서는 일단 바르게 서야 한다. 서 있는 일쯤이야 아무것도 아닌 것 같지만 사실 그렇지 않다. 제대로 서 있는 것은 고도의 집중력이 필요한 일이며 생각보다 많은 에너지가 소모된다.

바르게 서려면 우선 근육이 적절히 수축할 수 있어야 한다. 근육이 제 기능을 수행하지 않고 골격에만 의존하면 골격과 인대에 변형이나 손상이 생기고, 결과적으로 통증과 질병으로 이어질 수 있다.

몸의 좌우 균형을 맞추는 게 최우선이다

두 발을 어깨너비로 벌리고 서서 양팔을 몸 옆으로 편하게 내린다. 이때 두 손의 손바닥은 허벅지 측면에 닿아야 한다. 가슴을 앞으로 살짝 내밀고 턱은 가슴 쪽으로 당기며 시선은 정면을 응시한다.

바르게 선 자세에서 몸의 좌우 균형을 점검해보자. 양쪽 눈과 귀의 높이가 같은가? 양쪽 어깨의 높이가 같은가? 생활습관이나 직업적 특성, 잠자는 습관에 영향을 받아 어깨가 한쪽으로 기운 사람이 많은데, 이런 변형은 두통과 어깨 결림의 원인이 된다. 이는 결국 척추와 골격 전반의 불균형을 초래할 수 있으므로 꾸준한 노력을 통해 바로잡아야 한다.

골반도 점검 사항이다. 골반이 정면을 향하고 있는가? 정면을 향해 서 있을 때 골반이 앞을 바라보지 않고 한쪽으로 살짝 돌아간 경우를 자주 본다. 특히 출산 이후 여성에게 흔히 나타나는데, 임신과 출산 과정에서 늘어난 골격과 인대가 제대로 회복되지 않아 생기는 현상이다.

양쪽 무릎도 확인해보자. 무릎의 슬개골은 같은 높이에 있는가? 나란히 정면을 향하고 있는가? 골반이나 무릎의 균형이 맞지 않으면 한쪽 다리에 체중을 싣는 이른바 '짝다리'로 서게 되는데, 이 또한 고관절과 무릎 손상으로 직결되는 자세다.

몸을 수직으로 바로 세워라

옆모습으로 몸의 정렬을 점검해보자. 등과 허리는 앞이나 뒤로 기울지 않도록 수직으로 바르게 편다. 옆에서 봤을 때 등이 굽거나 어깨가 앞으로 쏠리지 않았는지 확인한다. 귀가 어깨보다 앞으로 나가 있다면 이는 거북목의 신호로 볼 수 있다. 자신의 자세를 인지하고 항상 자세를 바로잡기 위해 노력해야 한다.

어깨가 뒤로 빠지면서 아랫배를 앞으로 내민 자세 역시 몸에 좋지 않기는 마찬가지다. 몸이 마른 편인데도 아랫배가 나온 사람 중에는 허리가 앞으로 휘어진 경우가 많다. 이런 사람은 아랫배보다 골반에 신경을 써야 한다. 골반이 앞으로 기울어지면 허리, 어깨, 무릎에 통증이 오는 것은 시간문제다.

몸에 힘을 주지 않고 섰을 때 귀와 어깨, 고관절, 무릎, 발목이 수직선상에 있어야 바른 자세라고 할 수 있다. 벽에 등을 기대고 섰을 때 후두부와 견갑골, 엉덩이, 발뒤꿈치가 벽에 닿아야 한다.

올바르게 선 자세

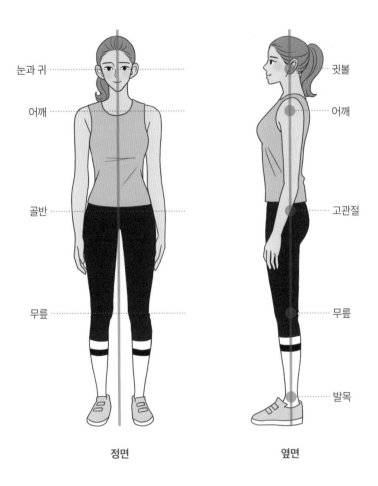

눈과 귀

어깨

골반

무릎

귓볼

어깨

고관절

무릎

발목

정면

옆면

잘못된 자세로 걸으면 오히려 건강을 해친다

걸으면 건강해진다. 하지만 무턱대고 걸으면 얘기가 달라진다. 잘못된 자세로 걷거나 자신의 체력과 건강 상태를 무시한 채 강도를 지나치게 올려 걸으면 오히려 건강을 해칠 수 있다. 팔자로 걷거나 보폭을 넓게 걷거나 팔을 양옆으로 심하게 흔드는 등 잘못된 자세로 걸으면 관절과 근육에 무리가 가고 골반뼈가 뒤틀릴 수 있다. 운동의 효율성이 떨어질 뿐 아니라 부상 가능성도 높아진다. 그렇다면 어떻게 걷는 것이 건강에 좋을까?

올바른 걷기 자세란?

바른 자세는 꾸준한 반복을 통해 자연스럽게 몸에 익혀야 한다.

목은 자연스러운 C자 곡선을 유지하고 턱을 가볍게 몸쪽으로 당긴다. 어깨는 위로 올리거나 앞으로 구부리지 않고 자연스럽게 힘을 뺀다. 골반은 한쪽으로 쏠리지 않도록 편안하게 펴고 엉덩이와 아랫배에 힘을 살짝 주어 보행 시 코어 근육이 힘을 쓰도록 해야 한다. 시선은 정면을 향하며 10~15m 정도 앞을 바라본다. 팔은 자연스럽게 약간 흔드는 정도가 적당하다.

걸을 때의 바른 자세

◦ 배는 힘을 주어 당기고 가슴과 어깨는 곧게 편다.
◦ 턱은 몸쪽으로 가볍게 당기고 시선은 10~15m 전방을 주시한다.
◦ 상체는 5도 앞으로 기울인다.
◦ 양손은 달걀을 쥔 모양으로 가볍게 말아 쥔다.
◦ 두 팔의 팔꿈치는 L자 또는 V자 모양으로 자연스럽게 구부린다.
◦ 팔과 어깨를 자연스럽게 앞뒤로 움직인다.
◦ 다리는 11자로, 무릎 사이가 스치는 느낌으로 걷는다.
◦ 두 발은 고관절과 수직을 이루며 일정한 간격을 유지한다.
◦ 숨은 코로 깊이 들이마시고 입으로 내뱉는다.

턱은 몸쪽으로 당기고 시
선은 10~15m 전방을 주
시한다.

가슴과 등을 펴고 허리
는 곧게 세운다.

손은 주먹을 가볍
게 쥐고 팔꿈치는
90도를 유지한다.

배에 힘을 주어 등 쪽으로
당긴다.

두 발은 11자를 유지하며
걷고, 보폭은 키-100cm
길이가 적당하다.

무릎은 편다는 생각으로
걷는다.

발이 바닥에 닿는 바른 순서

발뒤꿈치 ➡ 발바닥 ➡ 발가락

발끝의 각도는 5~7도 밖으로 향하게

발바닥이 지면에 닿는 방법과 과정에도 집중해야 한다. 두 다리
의 간격은 어깨너비 정도를 유지한다. 두 다리를 11자로 만들고, 발
끝은 5~7도가량 밖을 향하게 한다. 발바닥은 지면을 차듯이 힘 있게
밟으며 나아간다.

그러나 바른 자세를 너무 의식해 몸에 힘을 주면 오히려 경직되어
이상한 자세로 걷기 쉽다. 자연스럽게 걸으려 해도 잘되지 않는다면
영상을 찍어 자신의 걷는 자세를 점검해보는 것도 도움이 된다. 한
번에 완전히 고치기보다 하나씩 신경 쓰며 몸에 익히는 것이 좋다.
이 자세를 정확히 익혀두면 평생 건강관리에 큰 도움이 될 것이다.

가벼운 발걸음을 위한 압력 중심 이동의 비결

걷기에선 지면에 닿는 발이 가장 중요하다. 발이 제 역할을 제대로 수행하지 못하면 걷기는 오히려 해가 될 수 있다. 보행 시 우리 몸은 중력과 지면 반발력 등으로 충격을 받는다. 이 충격은 압력 중심 Center of press의 이동을 통해 물 흐르듯 지나간다. 걸을 때 발의 압력 중심은 발 외측에서 전방으로 이동한다. 발뒤꿈치를 바닥을 대면서 압력 중심은 발 중간과 바깥쪽 새끼발가락으로 이동했다가 발 중간을 지나면서 엄지발가락과 검지 발가락 쪽으로 돌아온다. 이 중심점을 잘 유지하는 것이 가볍게 걸을 수 있는 비결이다.

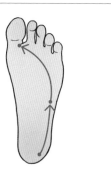

발뒤꿈치→발바닥 중간과 새끼발가락 외측→엄지발가락과 검지 발가락 사이 순으로 압력 중심이 이동한다.

자신의 걷는 자세에 주의를 집중하라

많은 사람이 종아리와 발목 근육으로만 걷는다. 하지만 보폭을 넓혀 빠르게 걷다 보면 허벅지 뒤쪽의 햄스트링과 엉덩이 근육을 사용하게 된다. 걸을 때 이 부위에 주의를 집중해 가해지는 자극을 느껴보자. 더 나아가 복근과 척추 등 상체가 어떻게 움직이는지 관찰하며 걸어보자. 운동 효과를 배가시킬 수 있고, 바른 걷기 자세를 만드는 데 도움이 된다.

나이가 들면 걸음걸이가 흔히 '갈 지(之)' 자처럼 흔들리는데, 이는 보행 시 우리 몸이 지면에서 전달되는 충격을 잘 흡수하지 못한다는 의미다. 이렇게 되면 낙상 위험 가능성이 커지고, 역으로 신경계 질환을 예측하는 근거가 되기도 한다. 평발의 경우 압력 중심이 발바닥 안쪽으로 쏠리고 무지외반증 같은 질환에 노출될 수 있다. 이때는 네 번째 발가락과 새끼발가락에 힘을 주는 것이 도움이 된다.

보폭은 건강 상태를 보여주는 척도

보행 시 발을 한 발짝 앞으로 내디딜 때의 길이를 '보폭Step length'이라고 한다. 보폭은 앞발 뒤꿈치부터 뒷발 뒤꿈치까지의 거리를 재면 알수 있다. 개인의 신체 조건과 건강 상태, 평소 걸음 습관 등 다양한 요소가 작용하기 때문에 개인마다 보폭은 모두 다르다. 성인 기준으로 정지 상태에서 걷기 시작하면 통상 30~45cm, 가속이 붙으면 보폭이 더 커져 60~75cm 정도를 평균으로 본다.

자신에게 맞는 보폭을 알고 싶다면 '키-100'으로 계산해본다. 자연스러운 보행 상태에서 자신의 보폭이 어느 정도 되는지 점검하는 것은 하지 근육량을 체크하는 좋은 척도가 된다. 건강이 악화되거나 노화가 진행되면 보폭이 차츰 작아지는 경향이 있기 때문이다.

보폭이 전보다 확연히 줄었다면 근감소증을 의심해볼 수 있다. 우리는 걸을 때 척추기립근과 장요근을 이용해 척추와 골반을 바르게 유지한다. 동시에 엉덩이 둔근과 햄스트링, 허벅지 대퇴사두근은 무릎관절을 안정화시킨다. 그런데 이 근육들이 감소하면 걸음걸이에 활기가 사라지고 보폭이 줄어들며 보행 시 통증이 생길 수 있다.

계단도 바르게 걸어야
부상 위험이 없다

계단 오르기는 매력적인 운동이다. 무산소성 운동과 유산소성 운동의 장점을 모두 갖고 있기 때문이다. 신체 상태에 따라 다르지만 단순히 계단을 오르는 동작만 해도 30분에 220kcal를 태우고 심폐 기능을 향상시킨다. 심장질환과 골다공증을 예방하고 복근과 둔근도 발달시킨다. 더 나아가 계단을 두 칸씩 오르면 같은 시간 기준 거의 달리기에 맞먹는 정도의 칼로리를 태울 수 있다. 달리기보다 안전하고 걷기보다는 효율적인 운동인 셈이다. 걷기만으로 부족함을 느끼는 사람에게 구미가 당기는 운동이 아닐 수 없다. 짧은 시간에 드라마틱한 효과를 거둘 수 있으니 말이다.

계단을 오를 때도 걷는 자세가 매우 중요하다. 올라갈 때든 내려올 때든 계단에서는 계단만의 걷기 공식이 있다. 관절과 근육이 좋지 않은 경우 정상적으로 계단을 오르기 어려워 변형된 보상 패턴 움직임이 나타날 수 있기 때문이다. 또 계단을 오를 때 뒤꿈치가 들리거나 무릎이 너무 앞으로 쏠리면 부상의 위험도 있다.

계단 오르기

계단 운동을 할 때는 평지에서 걸을 때보다 더 큰 근육이 동원된다. 특히 계단을 오를 때 허벅지 앞쪽 근육인 대퇴사두근도 중요하지만 엉덩이 근육과 햄스트링이 매우 큰 역할을 한다. 땅을 밀면서 몸의 무게를 상승시키는 동작을 하는 과정에서 근육이 훨씬 더 많이 동원되기 때문에 그만큼 하체의 근력이 중요하다. 나이가 들수록 계단 오르기가 힘들어지는 이유다. 그렇기 때문에 하체의 근육을 잘 보존하고 유지하며 발달시킬 수 있는 신체활동을 지속해야 한다.

계단을 오르는 바른 자세

평지 보행에서의 입각기와 다르게, 계단은 올리는 발의 뒤꿈치가 지면에 먼저 닿으면 안 된다. 계단은 완전히 다른 영역이라 생각하고 바른 자세를 공식처럼 기억해야 한다. 올리는 발의 발바닥 전체를 계단에 완전히 밀착시키는 동시에 상체는 앞과 위로 올리고 반대쪽 발은 하체를 밀어주는 자세를 유지한다. 어깨는 무릎과 수직선상에 걸

처 있거나 살짝 앞으로 나아가는 동작이어야 한다. 반대편 발은 까치발을 만든다. 무게중심이 앞으로 이동하면서 상체가 나를 끌어올리고 하체가 밀어주는 방식이다. 계단에 닿는 발은 어느 쪽으로든 들려선 안 된다. 가급적 발바닥 전체가 계단의 면을 밟고 상체를 앞으로 밀어줘야 한다. 앞발은 꽉 밀어주고 뒷발은 사뿐히 넘어가는 자세여야 몸에 무리가 가지 않는다.

손잡이 잡고 계단 오를 때 주의사항

계단 손잡이를 잡고 오를 때 특히 조심해야 한다. 무게중심이 자칫 뒤쪽으로 쏠리면 무릎을 다칠 수 있다. 손잡이를 잡고 이동할 때는 내 몸보다 조금 앞의 손잡이를 잡고 상체의 무게중심을 몸 앞쪽으로 기울여야 한다. 손잡이를 멀리 잡기가 불편하다면 팔꿈치를 조금 구부려 잡아 몸의 중심을 앞으로 쏠리게 한다.

계단 오를 때 바른 호흡법

바르게 호흡하면 계단을 더 수월하게 오를 수 있다. 호흡은 우리가 움직일 때 수축하는 근육에 산소와 에너지를 전달한다. 숨을 참고 계단을 5~6개만 올라가도 숨이 차고 힘들게 느껴지는 이유다.

계단 오르기는 평지를 걸을 때보다 힘이 많이 들기 때문에 숨을 짧게 들이마시고 내뱉기를 반복하는 게 좋다.

잘못된 계단 오르기 자세 1

올리는 발의 중간까지만 계단을 딛고 발뒤꿈치는 계단 면에 닿지 않은 채 오르는 경우다. 무릎으로 오는 하중이 더 증가되며 뒤쪽 종아리 근육이 쉽게 지친다. 계단 오르기는 큰 근육을 써야 하는데 이렇게 오르면 발목 주변의 근육들만 동원되어 더 빨리 지치게 된다. 결국 발목이 무거워지는 결과를 낳는다.

▶ **바로잡기** : 올리는 발의 발바닥 전체를 계단에 대고 강하게 누르면서 뒷발을 사뿐히 넘기는 방식으로 바꾼다.

잘못된 계단 오르기 자세 2

무릎을 지나치게 구부려 무게중심이 흔들리는 자세다. 다리 뒤쪽 근육을 사용해 사뿐히 계단을 올라가야 하는데, 무릎 앞쪽 근육들이 과도하게 늘어나면서 무릎에 심한 압박을 줄 수 있다. 또 무릎을 구부릴 때 무릎관절에 가해지는 압력이 높아져 계단 오르기가 훨씬 고통스럽고 두려워질 수 있다.

▶ **바로잡기** : 가급적 발목과 무릎의 각도가 자연스럽게 살짝 구부러지게 유지하면서 무게중심을 앞에 두고 엉덩이 힘으로 올라간다.

계단 내려오기

계단 내려오기는 오르기와 전혀 다르다. 계단을 내려올 때 체간은 중립을 유지해야 한다. 이때 체간의 코어 근육이 중요하다. 오르기에서 둔근이 위로 올려주는 힘을 생성하는 데 도움을 줬다면, 내려오기에서는 다리가 버틸 수 있게 도와준다. 그리고 체간은 앞으로 많이 구부리면 안 된다. 중심을 잃으면 자칫 큰 낙상으로 이어질 수 있기 때문이다. 계단을 내려올 때 무릎이 흔들리는 경우가 많은데, 이럴 경우 몸이 무게중심을 잡지 못해 균형을 잃을 수 있다. 무릎이 흔들리지 않게 천천히 내려오는 것이 계단 내려오기의 핵심이다.

계단 내려오는 바른 자세

버티는 다리의 무릎은 많이 구부리고 체간을 곧게 세우며 아래 계단으로 내딛는 발 쪽 체간을 늘리는 느낌으로 내려온다. 올라갈 때와 달리 무게중심을 앞에 두면 안 된다. 아래 계단으로 내딛는 발바닥은 계단 면 전체에 닿아야 바른 자세다. 내려갈 때는 몸이 언제나 수직 상태를 유지하도록 신경 쓴다. 손잡이를 잡고 있어도 마찬가지다. 계단을 내려갈 때 몸이 뒤쪽으로 기울어지면 무릎이나 허리 부상의 위험이 커진다.

Chapter 3

기지 말고 걸어라!
보행도 기술이다

자세:
허리 쭉 펴고 2cm 커진 것처럼 걸어라

젊은 걸음, 액티브 워킹을 되찾기 위해서는 자세부터 바로잡아야 한다. 건강한 걷기의 기본 자세는 거의 표준화되어 있다. 바른 걷기 방법을 숙지하고 몸에 익히면 걷기를 통해 다양한 운동 효과를 거둘 수 있다. 여기에 '2cm 커진 것처럼 걷기'를 더하면 더욱 완벽한 걷기가 가능하다.

2cm 커진 것처럼 걷기

요가나 필라테스를 할 때 '머리를 위에서 잡아당기는 것처럼', '머리가 천장에 묶여 있다고 생각하고'라는 표현을 종종 들은 적이 있을 것이다. 목을 거북이처럼 앞으로 쭉 빼거나, 어깨가 앞으로 말리거나, 척추를 긴장감 없이 툭 떨어뜨려 구부리고 앉거나 서는 자세를 경계하라는 뜻이다.

이 조언은 걷기에도 예외 없이 적용된다. 이런 자세로 걸으면 목과 허리에 통증이 발생하고, 오래 지속되면 체형 변화까지 불러올 수 있다. 걸을 때는 수시로 정수리 위에서 누군가가 실을 걸어 살짝 끌어올린다는 생각으로 자세를 바로잡아야 한다. 이 과정에서 실제로 척추가 약간 늘어나면서 보행 시 몸에 가해지는 충격도 완화된다. 평소 앉을 때도 마찬가지다. '2cm 커진 것처럼' 자세를 고쳐 잡으면 등과 허리가 펴지고 척추가 이완되어 척추 관련 질환을 예방하는 효과를 기대할 수 있다.

그렇다면 키가 2cm 커진 것처럼 걷는다는 건 어떻게 걷는 걸까? 등을 쭉 펴고 어깨를 당겨 내리고 턱을 몸쪽으로 살짝 당기면 된다. 그리고 항상 '2cm 커진 것처럼' 걸으려고 노력한다. 이는 바른 걷기 자세를 만드는 데 매우 효과적인 이미지 트레이닝 포인트다.

척추를 펴게 도와주는 다양한 방법

등에 테이프를 붙여 자세가 흐트러지면 바로 알 수 있는 물리적인 방법이 효과가 있다. 피부 자극이 적은 테이프를 골라 등에 X자로 붙인다. 이때 어깨를 뒤로 잡아당겨 허리와 등을 곧게 편 뒤 먼저 오른쪽 어깨 뒤에서 왼쪽 어깨 뒤로 수평으로 한 줄 붙인다. 그다음엔 오른쪽 어깨에서 왼쪽 엉덩이까지 등을 가로질러 붙이고, 왼쪽 어깨에서 오른쪽 엉덩이까지 길게 가로질러 붙인다. 이 테이프 요법은 바른 자세를 유지하는 데 도움을 줄 뿐 아니라 자신의 평소 자세가 얼마나 잘못되었는지 깨닫게 해주는 계기가 된다.

최근에는 조끼처럼 입고 자신의 몸에 맞게 조절하면 등을 펴주는 도구도 다양하게 나와 있다. 혼자 자세를 바로잡기 어렵다면 고려해볼 만한다. 하지만 이런 도구들은 또 다른 문제를 야기할 수 있기 때문에 신중해야 한다. 하루 종일 척추를 바로 펴려고 스스로 노력하는 습관을 들이는 것이 더 중요하다.

1시간에 한 번씩 일어나 자세 바로잡기

장시간 같은 자세로 앉아 있다 보면 바른 자세를 유지하는 데 한계가 있을 수밖에 없다. 앉아 있는 시간이 길어진다면 1시간에 한 번씩 일어나 책상 주변이라도 잠시 걸어보자. 또 목과 어깨, 다리와 발목 등을 가볍게 스트레칭한다. 자세를 바로잡는 데 큰 도움이 된다.

길을 걸을 때 쇼윈도에 자신이 얼마나 멋진 모습으로 걷고 있는지 비춰보는 방법도 도움이 된다. 다리는 자신 있게 쭉쭉 뻗고 있는지, 목과 어깨는 반듯하게 펴고 있는지 확인하며 자세를 바로잡자. 단

고개를 계속 한쪽으로 돌린 채 걸으면 자세가 돌아가거나 장애물에 부딪혀 부상을 입을 수 있으므로 잠깐씩 자세를 곧추세우는 데만 활용하도록 한다.

보폭 :
보폭의 길이를 10cm 늘려라

힘차게 걷는 액티브 워킹과 가장 상반된 걸음은 무엇일까? 혹시 노인들의 종종걸음을 본 적이 있는가? 속도가 눈에 띄게 느릴 뿐 아니라 보폭의 길이가 현저히 좁다. 보폭이 너무 좁아져 아무리 속도를 내도 건강한 성인의 보행 속도에 미치지 못한다. 노인들의 이런 걸음 패턴은 근력이 떨어져 더 이상 다리 근육이 전과 같은 힘을 발휘할 수 없기 때문이다. 특히 다리를 드는 동작이 어려워진 탓이 크고, 행여 넘어지지 않을까 두려워하는 자신감 상실도 영향을 미친다.

종종걸음은 젊은 걸음과 완전히 정반대다. 이는 보폭을 넓혀 시원스럽게 걷는다면 지금보다 더 젊은 보행을 할 수 있다는 반증이다.

보폭 넓히기는 젊은 액티브 워킹의 시작

액티브 워킹은 보폭에 주목한다. 보폭 넓히기야말로 힘차고 건강한 보행의 시작이다. 그러나 보폭을 너무 넓혀도 곤란하다. 보폭이 너무 넓으면 거꾸로 속도가 떨어지고, 낙상의 위험이 커진다. 평소 걷던 것보다 보폭을 10cm 정도 넓히는 걸 추천한다.

보폭과 속도는 상호 밀접한 관련이 있다. 원래 보폭보다 10cm 정도 넓혀 걸으려면 평소보다 조금 빠르게 걸어야 한다. 걸을 때 길에서 스치는 사람들을 차례로 하나씩 추월하면서 걷는다는 생각으로 걸으면 걸음이 한결 빨라지고 보폭도 넓어진다.

보폭을 10cm 넓혀 걷는 효과는 실로 크다. 지면 반발력이 커지면서 척추기립근이 발달하고, 이를 통해 척추 안정 효과를 얻을 수 있다. 짧아졌던 장요근이 이완되고 유연해지면서 골반과 척추를 바로 세워 요통이 줄어들며, 엉덩이 근육과 대퇴사두근 발달에 도움을 준다. 또 무릎을 쭉 뻗어 걷기 때문에 퇴행성 관절염으로 인한 통증이 감소하는 효과도 볼 수 있다. 발목을 들어 올리고 내리는 데 관여하는 근육들 역시 저절로 좋아진다.

건강한 삶을 살려면 유연한 관절과 힘을 낼 수 있는 근육이 필요하다. 그러나 인체는 노화를 겪으면서 자연스레 근육이 감소하고 보폭이 줄어든다. 관절의 가동 범위 역시 감소하고 보행 속도가

10~15%까지 줄어든다. 모든 것을 차치하고 일반적인 노화 현상에 대비하기 위해서라도 미리 보폭을 넓혀 둔다면 분명 건강 유지에 도움이 될 것이다. 처음에는 다리가 조금 당길 수 있다. 하지만 오래 지나지 않아 넓어진 보폭과 한결 빠른 걸음 속도를 가질 수 있다.

빠르게 걷기가 주는 근육 단련 효과

빠른 속도로 힘차게 걸으면 엉덩이 근육에 더 많은 자극을 줄 수 있다. 즉 더 많은 겉근육을 자극한다는 뜻이다. 겉근육은 피부 바로 아래쪽에 자리하며 몸의 움직임을 담당한다. 반대로 몸속 깊숙이 자리한 속근육은 척추와 관절, 뼈 등을 붙들고 자세를 유지하는 역할을 한다.

몸을 천천히 움직이는 동작을 하면 속근육이 발달하고, 빠르게 움직이면 겉근육이 자극받는다. 겉근육이 발달하면 칼로리 소모가 많아져 기초대사량이 올라가고, 혈당 조절을 효과적으로 할 수 있다. 보폭을 넓혀 빠르게 걸으면 더 많은 겉근육을 사용할 수 있어 건강에 좋다.

나에게 맞는 액티브 워킹 보폭 계산법

자신의 키에서 100을 빼면 적당한 보폭이 나온다. 물론 보폭은 걷는 목적에 따라 달라질 수 있고, 걷는 속도에 따라 조정해야 한다. 보폭을 의식하지 않고 걷다 보면 나도 모르게 보폭이 좁아진다. 자신의 걸음걸이를 인식하고 일정한 보폭을 유지하며 걸으려는 노력이 매우 중요하다.

나에게 맞는 보폭=나의 키-100

더 정밀한 방법도 있다. [키×0.45], [키×0.37], [키-100]을 각각 계산한 후 그중 최솟값과 최댓값의 범위를 보폭 범위로 정한다.

예를 들어, 자신의 키가 170cm라면

170×0.45=76.5(최댓값)

170×0.37=62.9(최솟값)

170-100=70

나에게 적당한 보폭=62.9~76.5

액티브 워킹을 하려면 여기에 10cm를 더해 보폭을 넓혀 걸으면 된다. 아주 간단하게는 자신의 현재 보폭에 주먹 하나 길이를 더하는 느낌이면 적당하다.

나의 액티브 워킹 보폭=72.9~86.5

갑자기 종종걸음이 나타난다면

갑작스럽게 걸음에 변화가 있다면 건강에 이상이 있는 건 아닌지 체크해봐야 한다. 우선 고령인데 갑자기 종종걸음을 걷는다면 파킨슨병을 의심해봐야 한다. 운동할 때 우리 뇌는 도파민이라는 호르몬을 분비해 여러 운동 기능을 조절한다. 이런 도파민의 분비가 잘 안 될 때 질병이 나타나는데, 바로 파킨슨병이다. 60세 이상 노령층에서 1%가량 발병하는 뇌질환으로, 치매 다음으로 많다. 신경세포의 감소로 인해 근육이 떨리거나 뻣뻣해지는 강직 증상, 움직임이 느려지는 증상 등이 동반된다. 이외에 걸을 때 허리가 구부러지거나 오리걸음처럼 자꾸 엉덩이가 뒤로 빠진다면 척추관협착증을 의심해본다. 척추 주변의 뼈와 인대가 노화로 인해 두꺼워지면서 척추관이 점점 좁아져 신경을 누르는 질병이다. 또 다리가 바닥에 붙은 것마냥 질질 끌면서 걷는 것 역시 인지장애 혹은 초기 치매를 의심해볼 수 있다.

속도 :
평소보다 10% 빠른 속도로 걸어라

걷는 속도는 어느 정도가 적당할까? 자신의 건강 상태와 걷는 목적에 따라 다르겠지만, 건강해지려면 자신이 안정적으로 걸을 수 있는 속도보다 약간 숨이 차게, 조금 빠른 듯 걷는 게 좋다. 친구와 함께 걸으며 대화를 한다고 가정할 때 숨이 차면서 힘든 정도가 적당하다.

땀이 날 정도로 힘차게 걷자

산책 수준의 일상적인 걸음에선 운동 효과를 기대하기 힘들다. 목적을 갖고 걷는다면 체력이 뒷받침되는 만큼 강하게 운동하는 게 맞다. 지병이나 신체적 위험 요소가 없다면 땀이 날 정도로 힘차게 걸어라. 민첩해져라. 조금만 더 민첩하게, 두 발로 빠르게 걸으면 몸은 그만큼 더 많은 자극을 받는다. 특히 다이어트와 건강관리처럼 소기의 목적이 있다면 더욱 속도를 내보자. 심장박동수가 빨라지고 호흡량이 늘면서 에너지 소모량이 증가한다.

1일 1시간 걷기를 목표로 삼는다면

걷기에만 집중해 산책하듯 천천히 걸으면 1시간에 보통 4km 정도 걷게 된다. 이 정도 속도와 시간은 누구에게나 권장할 만한데, 힘들면 30~40분만 걸어도 좋다. 걷기가 익숙해지면 분명 더 길게, 더 빨리 걷고 싶은 욕구가 생겨날 것이다.

물론 천천히 30분 정도만 걸어도 스트레스가 해소되고 기분 전환이 된다. 특히 도심보다 풀과 나무가 있는 공원에서 걸으면 그 효과는 배가 된다. 산소포화도가 높은 맑은 공기를 맡으며 호흡할 수 있고, 근육에 적당한 긴장감을 불어넣을 수 있다. 또 자신의 걸음걸이에 집중해서 걷다 보면 잡념이 사라지고 새로운 아이디어가 떠오르기도 한다. 하지만 30분 걷기는 운동이라 하기에 다소 부족한 감이 있다. 목적을 갖고 운동을 한다면 조금 더 길게, 조금 더 속도를 높여 걸어보자.

운동 목적에 따라 속도를 조절하라

무조건 속도를 높이라는 건 아니다. 걷는 속도는 운동 목적에 따라 달라져야 한다. 아름다운 몸매를 만들려면 걷는 속도를 10% 정도 높여 시속 5km로 걷는다. 이때는 몸의 뒤쪽 근육, 즉 엉덩이 근육과 허벅지의 햄스트링을 이용해 뒤에서 몸통을 미는 느낌으로 걷는다. 상체를 앞으로 숙인 채 걸으면 근골격계 전반에 좋지 않은 영향을 줄 수 있다. 시속 5km 정도의 속도로 꾸준히 걸으면 근육이 길고 유연해져 몸의 실루엣이 살아난다.

군살을 빼고 싶다면 조금 더 속도를 올려야 한다. 사람마다 약간씩 다르지만 시속 6km 정도가 체지방을 감소시키는 데 가장 좋다. 빨리 걸을 때도 노하우가 있다. 바로 보폭을 10cm 정도 넓히는 것이다. 보폭을 넓히려면 엉덩이부터 허벅지, 종아리, 발가락까지 모든 근육이 힘을 내야 한다. 이 과정에서 운동량이 폭발적으로 늘어나 체지방 감량 효과가 나타난다.

물론 그 이상 속도를 낼 수도 있다. 하지만 장시간 운동하기엔 무리가 따른다. 시속 7km로 걷고 싶다면 10분 정도의 짧은 시간만 시도하는 게 좋다. 대신 속도를 올렸다 줄였다 하면 인터벌 운동의 효과를 얻을 수 있다. 단, 혼자서 무리하지 말고 전문적인 코치의 도움을 받자.

보행 속도로 뇌 건강을 엿볼 수 있다

　보행 속도 역시 중요한 건강 지표가 된다. 건강한 사람의 걸음 속도 범위는 초당 1.2~1.4m, 즉 보행 속도는 1초에 1.38m가 적당하다. 하지만 나이가 들면 이 속도를 유지하기 힘들기 때문에 젊을 때 최소한 0.8m 미만으로 떨어지지 않게 노력하는 것이 중요하다.

　치매나 경도인지장애를 가진 사람들의 걸음 속도는 이보다 떨어진다. 초당 이동 거리가 0.6m면 아주 느리게 걷는 게 육안으로 느껴지는데, 경도인지장애가 있으면 초당 0.6~0.8m 정도로 걷는다. 걸음 속도가 초당 0.4m 이하로 떨어지면 낙상 확률까지 급격히 높아진다. 보행에 지장이 없는 신체 조건으로 초당 0.4m 미만을 걷는다면 치매를 의심해봐야 한다. 또 갑자기 걷는 속도가 느려졌다면 근감소증이나 파킨슨병 같은 뇌질환을 의심해볼 수 있다.

시간 :
내 몸에 맞는 걷기 시간을 찾아라

'뱁새가 황새 따라가다 가랑이가 찢어진다'는 속담은 걷기에도 여지없이 적용된다. 사람은 누구나 타고난 운동 능력이 있고, 운동을 통해 개발한다 해도 각자의 역량은 모두 다르다. 언제, 얼마나 걸으면 좋을까? 이에 대한 제안은 다양하지만 가장 중요한 건 내 몸의 컨디션과 감당 능력이다.

하루 중 언제 걷는 게 좋을까?

아침에 걸으면 잠을 깨우고 기운을 솟게 할 뿐 아니라 심부체온Core temperature을 상승시켜 집중력과 주의력을 높인다. 일반적으로 잘 자고 싶다면 아침에 걷는 것이 좋다. 수면의 질과 양 모두 잡을 수 있기 때문이다.

　미국 존스홉킨스메디슨의 연구에 의하면 아침에 운동하면 서파수면Slow-wave sleep이 증가한다. 가장 깊은 잠을 자는 단계로 서파수면에 도달해야 정신적·육체적 회복이 집중적으로 이루어진다. 아침 걷기는 다이어트에도 매우 효과적이다. 아침 시간은 밤새 길어진 공복으로 체내 혈중 포도당 수치가 낮아진 상태다. 이때 가벼운 식사 후 걷기 운동을 하면 저장된 체지방을 먼저 태운다. 또 아침 운동으로 신진대사가 활발해지면 오전 중 업무나 가사 등 평소 일상이 더해지면서 전체적인 기초대사량이 올라간다.

　그러나 고혈압 등 심혈관질환자들은 아침 운동을 조심해야 한다. 갑자기 찬 아침 공기에 노출되면 혈압이 급격히 올라 심장에 부담을 줄 수 있기 때문이다. 물론 건강한 사람도 운동을 시작하기 전에 30분 정도 워밍업을 하는 것이 안전하다. 갑작스런 운동은 몸에 무리를 가져오고 질환을 악화시킬 수 있으니 주의해야 한다.

　아침 운동이 좋다고 해서 모두가 할 수 있는 건 아니다. 올빼미형 인간이 새벽같이 일어나 운동을 나간다면 자신의 몸을 혹사시키는 결과만 초래할 뿐이다. 운동 효과를 거두기는커녕 없던 병도 생길 수 있다.

　아침 걷기만큼 저녁 걷기에도 많은 이점이 있다. 아침에 운동할 시간이 없다면 저녁 시간을 활용해보자. 저녁에 걷고 싶다면 저녁 식사 후 숟가락을 내려놓자마자 시작하는 것이 효과적이다. 저녁 식사 후 10분만 걸어도 식후 30분부터 시작되는 혈당 스파이크를 방지할 수 있고, 식후 간식에 대한 갈망도 줄어든다. 또 복부 팽만감을 없애고 변비를 예방하며, 신진대사를 활발하게 만들어준다. 식사량에 비해 활동량이 적을 때 남는 잉여 열량도 소모시켜 체중 감량에 효과적이다.

그러나 잠자리에 들기 바로 직전에 고강도로 걷는 것은 삼가는 게 좋다. 체내 엔도르핀 수치가 높아져 인체가 강한 각성 상태에 돌입하기 때문에 잠들기 힘들고 숙면 역시 어렵다.

얼마나 걸어야 좋을까?

몸에 무리가 되지 않는다면 50분에서 1시간 정도의 보행 시간을 추천한다. 대략 4km 거리다. 걷기의 효과를 체감할 수 있고, 과학적으로도 건강 증진 효과가 나타나는 유의미한 시간이다.

물론 사람마다 신체 조건이 다르기 때문에 지나치면 독이 된다. 걷다가 통증이 오면 바로 중단하고 쉬어야 하며, 스트레칭으로 긴장한 근육을 풀어주는 것이 좋다.

한마디 덧붙이자면 걸음 수에 욕심내지 말자. 7,000보를 힘들게 걷기보다 2,000보를 조금 빠르게 걷는 것이 바람직하다. 일주일 중

월수금 3일을 걷는다고 치면 월요일과 수요일에는 5,000보를 평상시 대로 걷고, 금요일에 2,000보를 조금 빠르게 걷는 것도 나쁘지 않은 운동법이다.

운동은 순간적으로 연소된 열량이 크거나 땀을 많이 흘려야 효과가 높은 것은 아니다. 오히려 신체가 받는 자극의 질이 더 중요하다. 올바른 자세로 걷는 것이 가장 중요하다는 의미다. 그러므로 운동의 지속 시간은 그다지 중요하지 않다. 바른 자세로 걷는다면 단 15분의 걷기로도 충분히 원하는 효과를 거둘 수 있다.

내 몸에 맞는 걷기 시간 찾는 법

핵심은 'how much do we walk'가 아니라 'how do we walk'다. 말 그대로 얼마만큼 많이 걷느냐가 아니라 어떻게 걷느냐에 집중해야 한다. 결론부터 얘기하면, 내 몸에 맞게 걷는 것이 바르게 걷는 것

나이대별 하루 평균 걸음 수

◦ 4~19살(유년 및 청소년기) : 6,000보
◦ 20~65세 이상(청년, 장년 및 노년기) : 15,000보
◦ 비만, 고혈압, 제2형 당뇨병에 해당하는 사람 : 10,000보

* 적극적인 신체활동량을 가진 사람들 기준

이다.

　다음 날 잠자리에서 일어났을 때 몸이 무겁지 않은 정도가 적당하다. 많은 운동선수가 훈련으로 인해 근육통을 겪지만 우리는 다르다. 건강을 위해 걷는다면 근육통을 경계해야 한다. 아프면 운동을 잘한 거라고 생각하는 고정관념에서 벗어나 '이 운동이 지금 내 몸의 컨디션을 끌어올리고 있는지'에 집중해야 한다. 건강을 위해 걸었는데 통증만 얻게 되는 경우도 허다하다.

리듬&바운스 :
즐겁게, 리드미컬하게 걸어라

모든 운동은 흐름과 리듬이 중요하다. 박자가 맞아야 효율적인 운동이 가능하고 부상의 위험을 줄일 수 있다. 리듬은 인체 활동의 일부이기도 하다. 심장이 두근두근 뛰는 것처럼 혈액도 수축과 이완의 리듬을 갖고 우리 몸 구석구석을 탐험한다. 림프 역시 발이 바닥에 닿는 자극을 통해 종아리가 펌프질을 하면 우리 몸을 순환한다. 이 순환 체계의 리듬과 바운스를 찾아 걷기에 적용하면 보다 즐겁고 효과적으로 운동을 할 수 있다.

왼발! 왼발! 마음속 구령으로 리듬을 맞춘다

걷기는 춤을 추는 것만큼이나 리듬이 중요하다. 리듬이 깨지면 걸음이 불안정해지고 발이 서로 걸려 넘어질 수 있다. 건강한 청년들이 걷는 모습을 보자. 통통 튀듯이, 즐거운 일이 있어 발끝에서 음악이 흘러나오듯 걷는다. 반면 노인들은 천천히 발을 끌듯이 걷는 경우가 많다. 이는 바꿔 말하면 젊은이처럼 리드미컬하게 걸어야 노화를 지연시킬 수 있다는 뜻이기도 하다.

걸을 때 리듬을 만드는 가장 쉬운 방법은 구령을 붙이는 것이다. 군인들이 행군할 때처럼 왼쪽 발이 바닥에 닿을 때마다 '왼발! 왼발!' 하고 구령을 붙이면 된다. 별것 아닌 것 같지만 실제로 해보면 놀랄 만큼 걸음이 안정되는 것을 느낄 수 있다. 구령 붙이기의 또 다른 효과는 걷기에 정신을 온전히 집중할 수 있다는 점이다. 집중해서 걷는 것과 아닌 경우 걷기의 효과는 완전히 달라진다. 이 점을 기억하고 몸의 리듬에 따라 걷기에 몰입해보자.

팔 움직임으로 추진력의 리듬을 찾자

팔을 힘차게 흔들어 추진력을 얻는 것은 걷기의 중요한 기술이자 즐거움이다. 팔은 다리의 움직임과 조화를 이루며 몸통의 회전을 조절해 걸음의 방향을 조정한다. 걷기에 리듬을 부여해 속도를 높여주기도 한다.

팔을 흔들 때는 어깨의 힘을 빼고 앞쪽보다 뒤쪽으로 신경 써서 흔드는 것이 좋다. 팔은 평소 앞으로 사용하는 시간이 많다. 그러면 어깨 앞쪽 근육이 단축되면서 뻣뻣하게 굳는다. 이때 팔꿈치를 뒤쪽으로 크게 움직이면 어깨관절 주변의 근육과 인대를 자극하는 데 효과적이다. 뿐만 아니라 견갑골 주변 근육이 활성화되어 굽은 등이 펴지고 거북목도 개선된다. 우리가 걸을 때 팔을 움직이는 것은 어깨가 아니라 견갑골이다. 견갑골은 인체에서 근육이 가장 많은 곳으로, 이 부위의 근육을 자극하면 움츠러들었던 가슴이 펴지면서 자연스럽게 보폭도 넓어진다.

살짝 쥔 두 주먹이 가슴 옆을 스치게 움직이며 걸어보자. 또 겨드랑이 부위가 스치듯 정면으로도 흔들어보자. 어깨와 등 근육이 자극받는 것을 느낄 수 있다.

PART 4

실전!
액티브 워킹을 위한 걷기 수업

Chapter 1

자신감 운동

걷기에 최적화된 전정기관 만들어 밸런스를 되찾아라

우리 몸은 35세 이후 신경세포가 줄어들면서 기능이 약화된다. 나이가 들어 반사신경이 급격히 나빠지는 것도 같은 이유다. 단지 발바닥, 무릎, 고관절, 어깨 등 근육과 관절의 예민함만 떨어지는 게 아니라 눈이 침침해지고 몸속 균형을 잡아주는 뇌(전정기관)의 예민도도 함께 떨어진다.

전정기관은 몸의 평형감각을 담당하는 기관으로, 평형을 담당하는 세반고리관과 중력을 감지하는 전정을 함께 일컫는다. 귀의 가장 안쪽인 내이에 위치해 있다. 머리의 수평은 물론 수직 선형 가속도와 회전운동을 감지하고, 이를 중추 평형기관에 전달해 신체의 균형을 유지한다. 이런 전정기관의 기능이 떨어지면 조금만 걸어도 어지러움을 느끼고, 금세 지치게 된다. 무엇보다 울퉁불퉁한 바닥을 걸을 때 중심을 잃기 쉬워 낙상이나 관절 손상의 위험이 커진다. 인간의 직립과 보행에 있어 전정기관의 기능은 절대적이라고 할 수 있다.

전정기관 예민도 테스트

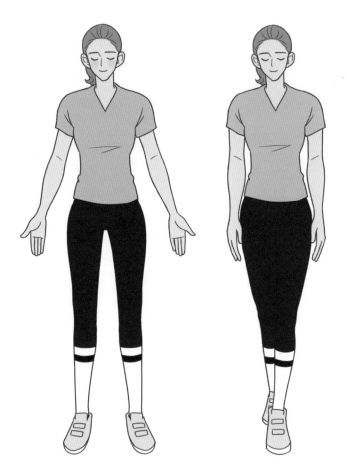

1 두 발을 어깨너비로 벌리고 서서 10초 버틴 후 그대로 눈을 감고 10초간 버틴다.

2 눈을 뜨고 두 발을 일직선이 되도록 앞뒤로 놓고 10초 버틴 후 그대로 눈을 감고 10초 간 버틴다. 이때 약간의 미동은 괜찮지만 움직임이 커선 안 된다.

아무리 다부지고 좋은 체격을 가진 사람이라도 전정기관이 좋지 않으면 걸음이 불안정하다. 다음 동작들을 따라 하며 전정기관의 예민도를 점검해보자. 10초 버티는 게 어렵다면 전정기관이 약화된 상태다.

3 이번에는 두 발을 모은 자세에서 양 팔꿈치를 접어 위로 들어 올린다. 이어 오른쪽 다리를 들고 10초 버틴 후 그대로 눈을 감고 10초간 버틴다.

4 발을 바꿔 같은 방법으로 실시한다.

전정기관 예민도 향상 운동

1 두 발을 일직선이 되도록 앞뒤로 놓고 고개를 최대한 뒤로 젖혔다가 앞으로 숙인다. 3회 반복한 후 발을 바꿔 같은 방법으로 실시한다.

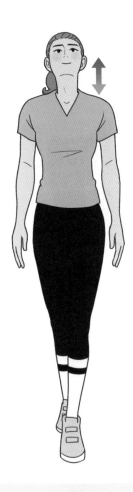

2 두 발을 일직선이 되도록 앞뒤로 놓고 고개를 왼쪽으로 돌렸다가 오른쪽으로 천천히 돌린다. 3회 반복한 후 발을 바꿔 같은 방법으로 실시한다.

3 앞으로 천천히 걸으면서 고개를 왼쪽으로 돌렸다가 오른쪽으로 천천히 돌린다. 이때 정면을 주시하는 것이 아니라 양옆을 보며 걷는다. 3회 반복한 후 발을 바꿔 같은 방법으로 실시한다.

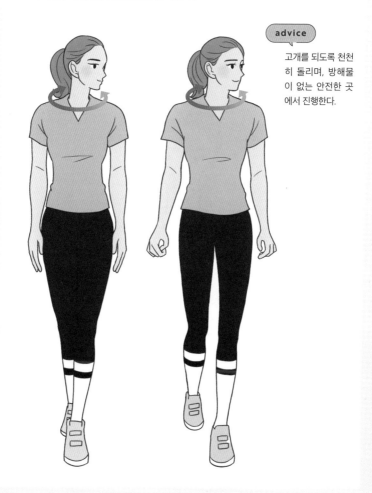

advice

고개를 되도록 천천히 돌리며, 방해물이 없는 안전한 곳에서 진행한다.

굿모닝 밸런스 체조

1 고개를 움직이지 않게 고정한 상태로 눈을 힘껏 왼쪽으로 보낸다. 5초 유지한 후 눈을 힘껏 오른쪽으로 보내 5초간 유지한다.

2 같은 방법으로 눈을 힘껏 위로 치켜뜨고 5초 유지한 후 눈을 힘껏 아래로 내려 5초간 유지한다.

3 모든 과정을 2회 반복한다.

4 이번에는 고개와 눈을 함께 움직인다. 고개를 뒤로 젖히며 눈을 위로 치켜
뜨고 5초 유지한 후 고개를 숙이면서 눈을 아래로 내려 5초간 유지한다.

5 같은 방법으로 고개와 눈을 함께 왼쪽으로 보내 5초 유지한 후 고개와 눈
을 함께 오른쪽으로 보내 5초간 유지한다.

6 모든 과정을 2회 반복한다.

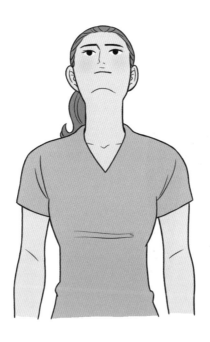

고개 움직여 엄지손가락 보기

1 두 발을 어깨너비로 벌리고 선다. 양손은 주먹 쥐고 엄지손가락을 세운 후 팔꿈치를 편 상태로 앞으로 들어 올려 어깨너비보다 넓게 벌린다.

2 고개를 왼쪽으로 돌려 왼손 엄지손가락을 본 후 다시 고개를 오른쪽으로 돌려 오른손 엄지손가락을 본다.

3 좌우로 고개 움직이는 동작을 10회 반복한다.

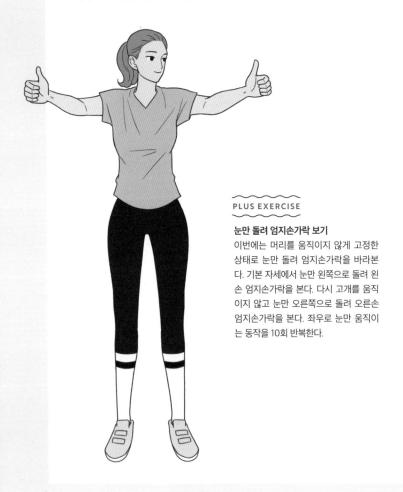

PLUS EXERCISE

눈만 돌려 엄지손가락 보기

이번에는 머리를 움직이지 않게 고정한 상태로 눈만 돌려 엄지손가락을 바라본다. 기본 자세에서 눈만 왼쪽으로 돌려 왼손 엄지손가락을 본다. 다시 고개를 움직이지 않고 눈만 오른쪽으로 돌려 오른손 엄지손가락을 본다. 좌우로 눈만 움직이는 동작을 10회 반복한다.

4 두 발을 어깨너비로 벌리고 양손은 주먹 쥐고 엄지손가락을 세운다. 양팔을 쭉 편 상태로 앞으로 들어 올려 오른손은 시선보다 높게 올리고, 왼손은 명치 아래쯤에 위치시킨다.

5 고개를 들어 위쪽 엄지손가락을 본 후 다시 고개를 숙여 아래쪽 엄지손가락을 본다.

6 위아래로 고개 움직이는 동작을 10회 반복한다.

~~~~
PLUS EXERCISE

눈만 올리고 내려 엄지손가락 보기
머리를 움직이지 않게 고정한 상태로 눈만 올리고 내려 엄지손가락을 바라보자. 기본 자세에서 고개는 움직이지 않고 눈만 위로 올려 위쪽 엄지손가락을 본 후 다시 고개를 움직이지 않고 눈만 아래로 내려 아래쪽 엄지손가락을 본다. 위아래로 고개 움직이는 동작을 10회 반복한다.

걸으며 고개 돌려 엄지손가락 보기

1 양팔을 쭉 펴 앞으로 들어 올린 후 어깨너비보다 넓게 벌린다. 양손은 주먹 쥐고 엄지손가락을 세운다.

2 천천히 걸으면서 고개를 왼쪽으로 돌려 왼손 엄지손가락을 본다.

시야 확대 및 눈 운동성 향상, 전정기관 기능 강화

3 천천히 걸으면서 다시 고개를 오른쪽으로 돌려 오른손 엄지손가락을 본다.

4 좌우로 고개 움직이는 동작을 5회 반복한다.

5 자신감이 붙으면 양팔을 더 많이 벌려 같은 방법으로 5회 반복한다.

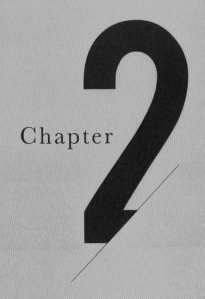

Chapter

유연성 운동 1

우람한 근육 말고 민첩한 근육을 만들어라

평생 건강하고 싶다면 평생 걸으면 된다. 액티브 워킹으로 젊음을 유지하면 된다. 그러려면 성실하고 안정적인 근육이 필요하다. 걷기가 근육을 만들고, 근육이 다시 걷기를 이끄는 선순환이 이루어지는 것이다.

여기에서 한 가지 짚고 넘어갈 문제가 있다. 근육이 크고 두꺼우면 좋을까? 두꺼운 근육이 걷기에 더 유리할까? 그렇지 않다. 걷기에 관한 근육 욕심은 버리는 것이 좋다. 지나치게 크고 우람한 근육은 걷는 속도에 방해만 될 뿐이다. 육상대회가 열렸다고 생각해보자. 크고 우람한 근육이 뛰는 데 더 유리하다면 보디빌더들이 가장 좋은 기록을 내는 게 맞다. 하지만 결과는 그렇지 않다. 근육의 크기가 중요한 게 아니다. 노인들의 낙상 역시 근육이 줄어든 탓이 아니다. 전신의 근육을 빨리 반응하게 만드는 민첩성이 떨어져서다. 하체 근육이 중요하지 않다고 말하는 것이 아니다. 조금 부족하더라도 민첩하게 움직일 수 있는 보행 훈련이 더 중요하다는 뜻이다. 걷기에는 두껍고 거창한 근육이 아니라 민첩하고 유연하며 날씬한 근육이 필요하다.

척추 끌어내렸다 둥글게 끌어올리기

1 양손과 양 무릎을 바닥에 대고 네발 자세를 취한다.

2 숨을 들이마시며 복부와 허리를 아래로 끌어내리는 동시에 고개를 들어
  천장을 바라본다. 10초간 유지하며 척추 전체가 길게 늘어나는 것을 느
  낀다.

advice

허리가 과하게 펼쳐지지 않도록
척추 전체의 정렬 위치를 스스로
인지하며 시행한다.

3 숨을 내쉬면서 머리를 숙이는 동시에 복부와 허리를 등 쪽으로 둥글게 끌어올린다. 시선은 배꼽에 두고 10초간 유지하며 척추 전체가 굴곡되는 걸 느낀다.

4 척추 끌어내렸다 올리는 동작을 5~6회 반복한다.

엎드려 상체와 하체 들기

1 바닥에 배를 대고 엎드린다. 양팔은 팔꿈치를 접어 몸 옆에 놓는다.

2 양팔과 상체를 함께 들어 올려 10초간 버틴다. 시작 자세로 돌아온 후 하체
  만 들어 올려 10초간 버틴다.

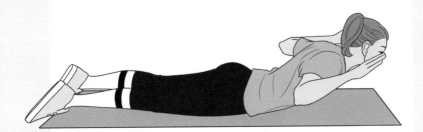

척추의 안정성 회복, 기립근 활성화

3 이번에는 양팔을 앞으로 쭉 뻗은 후 상체와 하체 모두 들어 올려 10초간
  버틴다.

4 허리에 통증이 오지 않도록 주의하면서 3~5세트 실시한다.

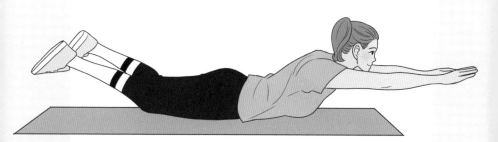

무릎 벌려 상체 들어 올리기

1 바닥에 무릎을 꿇고 앉은 상태에서 허리를 숙이며 양팔을 앞으로 쭉 뻗는다. 이때 양팔은 어깨너비보다 조금 넓게 벌린다.

2 무릎을 최대한 양옆으로 벌린다.

3 골반과 엉덩이를 바닥으로 내리면서 동시에 두 손으로 바닥을 밀며 상체
   를 천천히 들어 올린다.

4 30초간 자세를 유지한다.

한쪽 무릎 세우고 상체 기울이기

1 양쪽 무릎을 바닥에 대고 상체를 세운 상태에서 왼쪽 무릎을 세운다.

2 양손은 왼쪽 무릎 위에 가볍게 올린다.

206

3 오른팔을 쭉 편 채 머리 위로 들면서 상체를 왼쪽으로 기울인다.

4 8~10회 반복한 후 발과 팔을 바꿔 같은 방법으로 실시한다.

advice

무릎이 아픈 경우 바닥에
닿는 무릎 아래에 방석 등
을 깔고 진행한다.

기본 스쿼트와 와이드 스쿼트

1 두 발을 어깨너비로 벌리고 양손은 교차해 가슴 위에 편안하게 올린다.

2 무릎이 발끝보다 앞으로 나오지 않도록 신경 쓰며 앉았다 일어난다.

3 7회 반복한다.

4 두 발을 어깨너비보다 넓게 벌리고 양손은 교차해 가슴 위에 편안하게 올린다.

5 허벅지 안쪽 근육이 늘어나는 자극을 느끼며 앉았다 일어난다.

6 7회 반복한다.

Chapter 3

유연성 운동 2

하체의 가동성을 높여 걷기 기능을 회복하라

최전선에서 걷기 기능을 담당하고 있는 고관절과 무릎, 발의 건강은 무엇보다 중요하다. 특히 발관절은 구부러지는 각도가 90도까지 이를 수 있는 유연한 관절이다. 지면에 발을 대고, 지면을 밀면서 앞으로 나가는 동작이 잘되어야 무난하게 걸을 수 있다. 발목이 좋지 않으면 배측굴곡이나 저측굴곡의 각도가 잘 나오지 않아 무릎을 과하게 들거나 고관절을 높이 들면서 걷게 된다. 우리 몸이 무의식적인 보상 동작을 가져오기 때문이다. 자연히 몸에 무리가 올 수밖에 없다.

또한 스포츠화가 발을 보호한다는 생각에 발의 각도 활용을 본래 기능보다 줄이면 결과적으로 발의 움직임이 게을러진다. 결국 무릎이 발목의 일을 대신해야 하는 상황이 발생할 수도 있다. 모든 관절의 가동성을 높이고, 발에 자리하고 있는 내재근을 민감하게 만들어야 하는 이유다. 그래야 액티브 워킹이 가능하다.

고관절 기능 점검하기

advice

양쪽 고관절이 불균형 상태인지
점검하는 동작이다. 한쪽이라도
45도 미만으로 나오거나 아예
움직이지 못한다면 심각한 불균
형이 온 것이다.

1 바른 자세로 서서 오른쪽 다리를 옆으로 들어 올린다. 최소 45~60도까지 도달할 수 있
는지 점검한다.

2 다리를 바꿔 왼쪽 다리를 옆으로 최소 45~60도까지 들어 올린다.

고관절에 문제가 생기면 걷고 달리는 데 어려움을 겪을 뿐 아니라 허리와 무릎에 통증이 발생한다. 오래오래 걸으려면 고관절의 건강 상태를 점검할 필요가 있다. 고관절을 벌리고 구부리고 펴고 회전하는 동작을 통해 가동 범위를 점검해보자.

3 이번에는 오른쪽 발을 앞으로 내디딘 상태에서 발끝을 몸 안쪽으로 돌린다.

4 다시 발끝을 몸 바깥쪽으로 돌린다. 이때 뻑뻑한 곳 없이 잘 돌아가는지 양쪽을 점검한다.

5 발을 바꿔 같은 방법으로 실시한다.

고관절 구부렸다 펴기

1 두 발을 어깨너비로 벌리고 양팔은 쭉 편 채 어깨 높이까지 앞으로 들어 올린다.

2 오른쪽 무릎을 90도가 되도록 들어 올린다.

3 구부린 무릎을 유지하며 뒤로 쭉 밀어 보낸다. 이때 고관절이 펴지는 것을 느낀다.

4 왕복 동작으로 5~7회 반복한 후 반대쪽 다리도 같은 방법으로 실시한다.

advice

고관절을 구부릴 때 허벅지를 90도 까지 들 수 있는지, 고관절을 펼 때 허벅지를 20도 정도 뒤로 뻗을 수 있는지 확인한다.

다리 들어 올렸다가 뒤로 뻗기

1 두 발을 어깨너비로 벌리고 선다. 오른손은 벽을 짚고 왼손은 자연스럽게 아래로 늘어뜨린다.

2 오른쪽 무릎을 구부려 최대한 높이 들어 올렸다가 그대로 뒤로 쭉 뻗어 발 끝으로 바닥을 딛는다.

216

3 오른쪽 발뒤꿈치가 바닥에 닿도록 앉았다가 처음 자세와 동일하게 다시
   무릎을 구부려 최대한 높이 들어 올린다.

4 연결 동작을 3~4회 반복한 후 반대쪽도 같은 방법으로 실시한다.

advice

앉을 때 무릎과 상체가 흔들리지
않도록 유의한다.

앉아서 발 좌우로 밀고 돌리기

1 허리를 펴고 의자에 앉는다. 이때 의자 등받이에 등이 닿지 않도록 의자 끝에 앉는다.

2 오른쪽 다리를 살짝 들어 올린 후 발을 바깥으로 민다.

3 5회 반복한 후 무릎을 시계 방향으로 둥글게 5회 회전시킨다.

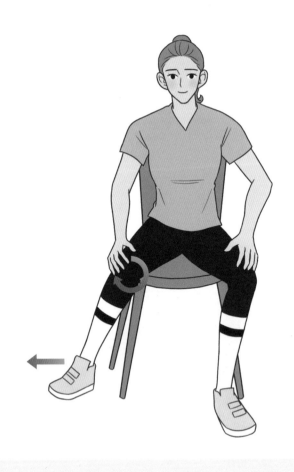

4 이번에는 오른쪽 발을 안쪽으로 당긴다.

5 5회 반복한 후 무릎을 반시계 방향으로 둥글게 5회 회전시킨다.

6 발을 바꿔 같은 방법으로 실시한다.

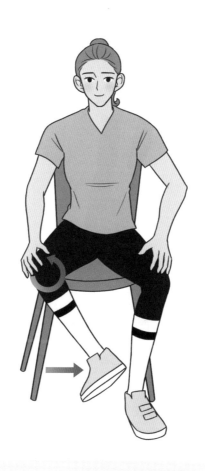

배측굴곡, 저측굴곡 점검하기

1 바른 자세로 서서 양팔을 자연스럽게 아래로 늘어뜨린다.

2 오른발을 앞으로 살짝 내민 후 발끝을 발등 쪽으로 들어 올린다.

발목이 약해지거나 움직임에 제한이 생기면 보행 패턴과 걸음걸이에 문제가 발생한다. 배측굴곡과 저측굴곡 2가지 동작을 통해 발목과 종아리의 현재 상태를 점검해보자. 움직이는 게 부자연스러울 경우 같은 동작을 반복해 꾸준히 가동 범위를 늘리면 발목의 안정성과 가동성을 향상시킬 수 있다.

PLUS INFO

- 배측굴곡 : 발목을 발등 쪽으로 들어 올리는 동작으로, 보행 시 발뒤꿈치를 바닥에 댈 때 사용한다. 발과 지면의 각도가 20~25도일 때 이상적이다.
- 저측굴곡 : 발목을 발바닥 쪽으로 뻗는 동작으로, 보행 시 발을 밀 때 사용한다. 발과 지면의 각도가 50도일 때 이상적이다.

3 이번에는 오른발을 뒤로 보내면서 발끝으로 바닥을 딛는다.
4 앞뒤로 발목 움직이는 동작을 7회 반복한 후 발을 바꿔 같은 방법으로 실시한다.

발목의 뒤침, 엎침 점검하기

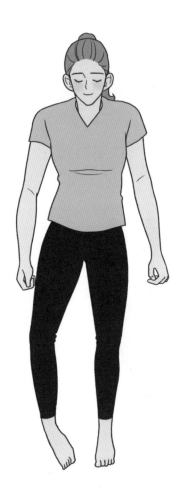

1 바른 자세로 서서 양팔을 자연스럽게 아래로 늘어뜨린다.
2 오른쪽 다리의 발목을 바깥쪽으로 꺾어 발바닥이 몸 안쪽을 향하게 한다.

발을 안쪽으로 엎쳐서 걷는 사람은 엄지발가락 밑과 뒤꿈치 안쪽에 굳은살이 생기고 족궁이 무너진다. 반대로 발이 바깥쪽으로 뒤치는 경향이 있는 사람은 무릎관절이 벌어지면서 다리가 항아리 모양으로 변형된다. 무릎과 발을 평소 사용 습관과 반대로 움직여 균형을 되찾는 동작을 꾸준히 하자. 발목 건강을 유지하는 데 도움이 된다.

PLUS INFO

- 발목 뒤침 : 무릎을 바깥쪽으로 나가게 만드는 동작이다.
- 발목 엎침 : 무릎을 안쪽으로 들어가게 만드는 동작이다.

3 이번에는 발목을 안쪽으로 꺾어 발바닥이 몸 바깥쪽을 향하게 한다.

4 좌우로 발목 움직이는 동작을 7회 반복한 후 발을 바꿔 같은 방법으로 실시한다.

발바닥 균형감각 깨우기

1 의자에 앉은 상태에서 왼쪽 다리를 접어 오른쪽 무릎 위에 올린다.

2 발가락 사이사이에 오른손 엄지손가락을 제외한 나머지 손가락을 끼워 넣는다.

3 깍지 낀 상태로 발가락을 10회 들어 올렸다 내린다.

4 깍지 낀 상태로 발가락을 10회 돌린다.

5 이번에는 오른손으로 발의 뒤꿈치를 잡고, 왼손으로 발의 앞부분을 잡은 후 빨래 짜듯이 비튼다.

6 양방향으로 10회씩 반복한다.

7 발을 바꿔 2가지 동작을 같은 방법으로 실시한다.

발가락으로 타월 끌어오기

운동 효과
발 내재근 강화, 발아치 유지

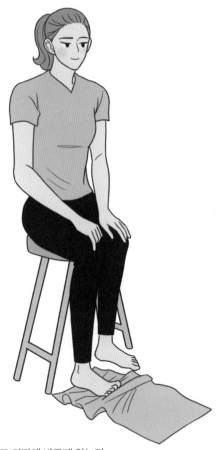

1 허리를 펴고 의자에 바르게 앉는다.

2 오른발 아래에 수건을 넓게 펼쳐놓고, 발가락으로 수건을 조금씩 끌어당
  긴다.

3 10회 반복한 후 발을 바꿔 같은 방법으로 실시한다.

발가락으로 구슬 옮기기

운동 효과
족저근막 활성화, 발 내재근 유연성 증대

advice
구슬을 옮겨 담는 데 집중해
허리가 앞으로 숙여지지 않
도록 주의한다.

1　허리를 펴고 의자에 바르게 앉는다.

2　오른발 앞쪽 바닥에 작은 구슬을 10여 개 흩어놓고, 발가락으로 구슬을 하
　나씩 쥐어 쟁반에 옮겨 담는다.

3　10회 반복한 후 발을 바꿔 같은 방법으로 실시한다.

Chapter **4**

추진력 운동 1

척추 기능 강화해 걸음걸이의 리듬을 회복하라

우리는 평소 다리로 걷는다고 생각하지만 사실은 척추가 걷고 있다. 인간은 척추로 걷는다. 척추가 있어 인간은 걸을 수 있다.

인간의 척추는 느슨한 S자 모양의 곡선을 그리고 있다. 목뼈부터 등뼈, 허리뼈, 골반의 천골에 이르기까지 모두 곡선이다. 걸을 때 발에 닿는 강한 충격을 몸이 잘 받아내 흡수하고 분산시키는 데 최적화된 구조다. 만약 척추가 곧은 일자였다면 계속된 충격과 압박으로 디스크가 견뎌낼 수 없었을 것이다.

척추는 앞뒤로 구부러졌다 펴지고, 좌우로 회전할 수 있다. 걷기의 주체는 다리가 아니다. 골반과 허리가 회전을 하고 앞뒤로 구부러지고 좌우로 휘면서 에너지를 저장했다가 폭발시키며 몸통을 돌리면서 걷는 것이다. 이렇게 척추가 돌아갈 때 척추와 연결된 흉곽(갈비뼈)과 그 말단에 자리한 팔이 자연스럽게 스윙하며 걷는 동작이 완성된다.

팔 앞으로 뻗으며 걷기

1 바른 자세로 서서 양팔을 쭉 편다.

2 오른쪽 다리와 왼팔을 동시에 앞으로 내밀면서 걷는다. 이때 왼팔의 손끝
이 오른쪽 다리의 발끝을 향하게 한다.

척추 곡선 회복, 허리의 회전 가동성 향상

3 이번에는 왼쪽 다리와 오른팔을 동시에 앞으로 내밀면서 걷는다.

4 왕복 동작으로 10회 반복한다.

제자리에서 팔 스윙하기

1 두 발을 어깨너비로 벌리고 선다.
2 양팔은 자연스럽게 아래로 늘어뜨린 채 앞으로 들어 올린다.

3 그대로 양팔을 뒤로 보낸다.

4 앞뒤로 팔을 가볍게 스윙하듯 부드럽게 연결 동작으로 10~15회 반복한다.

advice

양팔을 들어 올리거나 뒤로 보낼 때 어깨가
들리지 않도록 신경 쓴다. 최대한 어깨에 힘
을 뺀 상태로 통증이 느껴지지 않는 범위에
서 팔을 스윙한다.

233

걸으며 팔 스윙하기

1 왼발을 앞으로 내민 상태에서 양팔을 동시에 앞으로 보냈다 뒤로 보낸다.

2 발을 바꿔 오른발을 앞으로 내밀고 양팔을 동시에 앞으로 보냈다 뒤로 보낸다.

3 천천히 제자리걸음 하며 양팔 스윙하는 동작을 10회 반복한다.

4 이번에는 왼발을 앞으로 내민 상태에서 오른팔은 앞으로, 왼팔은 뒤로 동시에 보낸다. 이때 앞으로 보낸 오른손의 엄지손가락이 이마까지 오도록 높이 올린다.

5 발을 바꾸며 동시에 오른팔은 뒤로, 왼팔은 앞으로 보낸다.

6 천천히 제자리걸음 하며 양팔 교차하는 동작을 10회 반복한다.

무릎 구부렸다 펴며 빠르게 팔 스윙하기

1 두 발을 앞뒤로 벌리고 선다.

2 달리기하듯 양팔을 앞뒤로 빠르게 스윙하며 양쪽 무릎을 구부린다. 이때 양발의 뒤꿈치를 바닥에 닿게 한다.

3 양팔을 앞뒤로 빠르게 스윙하는 동시에 무릎을 펴며 양발의 뒤꿈치를 들어 올린다.

4 자연스럽게 리듬을 타며 무릎 구부렸다 펴는 동작을 10~15회 반복한다.

5 발을 바꿔 같은 방법으로 실시한다.

Chapter **5**

추진력 운동 2
활기차고 편안한 골반으로 보행 파워를 높여라

해변 모래사장을 한참 걷다가 뒤를 돌아보자. 일자로 이어진 발자국이 있으면 좋으련만 대부분 어느 한쪽으로 발자국이 기울어져 있다. 발자국이 오른쪽으로 치우쳐 있다면 왼쪽 골반이 앞으로 기울어져 있다는 뜻이며, 오른쪽 골반의 유연성이 떨어진 상태라는 증거다.

골반은 상체를 지탱하고 다리의 움직임을 관장하는 역할을 한다. 그런데 골반이 바른 위치에, 바른 모양으로 자리 잡고 있는 사람은 1,000명 중 하나에 그칠 만큼 현대인의 골반 불균형은 심각한 상황이다. 틀어진 골반은 보행 장애를 야기하며 척추 불균형과 척추측만증, 허리디스크 등 각종 질환을 일으킨다. 앞뒤 좌우로 기울어지지 않고 중립의 상태를 유지하는 골반은 활기찬 걸음을 만드는 핵심이다. 몸의 각 부위가 균형 있게 움직여야 보행 시 에너지 소모가 적고 탄력적으로 걸을 수 있기 때문이다.

골반 정렬 점검하기

advice

어느 한쪽이 뻣뻣하고 운동 반경이 좁게 나오는가? 잘 모르겠다면 발바닥이 지면에서 뜨는지 점검한 후 다시 움직여본다. 해당되는 방향의 골반이 뻣뻣하다는 것을 의미한다.

1 두 발을 어깨너비로 벌리고 양손의 검지와 중지를 골반 앞쪽 뼈에 갖다 댄다.

2 상체를 오른쪽으로 돌려 왼쪽 골반을 앞으로 보낸다.

3 방향을 바꿔 상체를 왼쪽으로 돌려 오른쪽 골반을 앞으로 보낸다. 좌우 왕복 동작을 5~7회 반복한다.

건강해지려고 시작한 운동이 통증을 유발하지 않으려면 몸의 정렬을 재정비해야 한다. 그중 골반의 불균형은 반드시 바로잡아야 한다. 골반을 좌우로 움직여보자. 움직일 때 불편함이 느껴지거나 한쪽의 운동 반경이 좁다면 골반이 불균형하다는 의미다.

advice

골반을 오른쪽과 왼쪽으로 번갈아 움직이는 동안 대퇴뼈의 머리 부분이 손바닥으로 느껴질 것이다. 만약 한쪽이 유난히 잘 느껴지지 않는다면 불균형이 온 것이다.

4 이번에는 두 발을 어깨너비로 벌리고 양손을 골반 위에 올린다.

5 몸통과 시선은 정면을 향하고, 무릎은 구부리지 않고 똑바로 선 상태에서 골반을 오른쪽으로 보낸다.

6 방향을 바꿔 골반을 왼쪽으로 보낸다. 좌우 왕복 동작을 5~7회 반복한다.

골반 양옆으로 움직이기

운동 효과
골반 중립 회복, 골반 운동신경 활성화

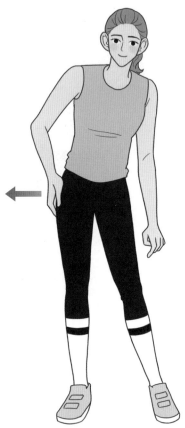

1 두 발을 어깨너비보다 살짝 넓게 벌리고 선다.

2 앞서 점검할 때 움직임이 편안한 쪽 골반에 손을 대고 옆으로 움직인다. 오른쪽 골반이라면 오른쪽으로 10회 움직인다.

3 움직임이 편안한 쪽의 운동 반경과 느낌을 기억하면서 불편했던 반대쪽 골반에 손을 대고 옆으로 10회 움직인다.

골반 위로 밀어 올리기

운동 효과
골반과 고관절 경직 해소, 골반 유연성 향상

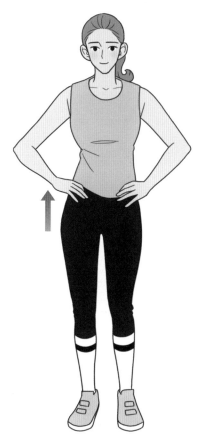

1 두 발을 어깨너비로 벌리고 무릎을 살짝 구부린다. 양손은 골반 위에 올린다.

2 오른쪽 무릎을 펴면서 골반을 수직으로 밀어 올린 후 다시 구부린다.

3 왼쪽 무릎을 펴면서 골반을 수직으로 밀어 올린다.

4 좌우 왕복 동작을 천천히 10~15회 반복한다.

골반 앞뒤로 흔들기

1 두 발을 어깨너비로 벌리고 양손을 골반 위에 올린다.

2 상체는 바로 세운 상태에서 움직이지 않고 골반만 앞으로 내민다. 이때 무릎은 자연스럽게 구부러지도록 한다.

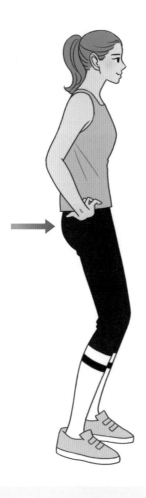

3 이어서 골반을 뒤로 보낸다. 역시 상체는 움직이지 않되 허리가 과도하게
뒤로 꺾이지 않도록 주의한다. 무릎은 골반의 움직임에 따라 자연스럽게
구부러지도록 한다.

4 부드럽게 연결 동작으로 앞뒤 왕복 동작을 10~15회 반복한다.

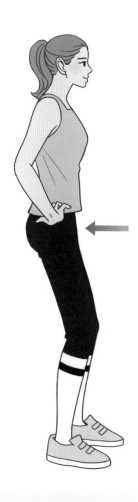

무릎 구부려 옆으로 걷기

1 두 발을 붙이고 바르게 선다.
2 양손은 골반 위에 올린 후 무릎을 살짝 구부린다.

3 무릎을 구부린 상태로 오른발을 어깨너비 정도 옆으로 옮긴다.

4 같은 보폭을 유지하면서 오른쪽으로 4보, 왼쪽으로 4보 움직인다.

5 좌우 왕복 동작을 10~15회 반복한다.

advice

발을 움직일 때 무릎이 펴지지 않도록 신경 쓴다. 그래야 허벅지와 엉덩이 근육이 단련되고 걷기에 대한 자신감을 회복할 수 있다.

Chapter **6**

민감성 운동

다양한 변형 걷기로 보행의 예민도를 높여라

평소 바른 자세로 잘 걷고 있다고 해도 노화로 인해 자세가 퇴화하거나 나쁘게 변하는 것을 막으려면 꾸준히 노력을 기울여야 한다. 운동 과학 전문가들은 다양한 자세로 걷기에 변화를 줄 필요가 있다고 말한다. 다양한 걷기를 시도함으로써 이전보다 보행 속도가 빨라지고 바른 자세로 더 수월하게 걸을 수 있다는 설명이다. 평소와 다르게 걷는 것만으로도 평상시 사용하지 않던 근육을 자극하고 근신경계의 민감도를 높일 수 있다. 또 보행이 가벼워지고 보폭이 넓어지며 속도가 빨라져 보다 효율적으로 걸을 수 있다.

다리를 벌려 걷고, 다리를 좁혀 걷고, 옆이나 뒤로 걷고, 뒤꿈치로도 걸어보자. 이런 어색한 걸음걸이에 우리 뇌는 어떻게 반응할까? 뇌는 다리를 벌려 걷는 동작을 잘할 수 있도록 우리 몸에 조금 더 경각심을 불러일으키고 긴장하게 하며, 더 많은 근육들을 활성화시킨다. 변형 걷기를 100m마다 한 번씩 혹은 번갈아 가며 진행해보자. 나에게 맞는 액티브 워킹을 찾을 수 있을 것이다.

다리 넓게 벌려 걷기

평소보다 다리를 옆으로 많이 벌려 걷는 보행법이다. 500~1,000m 정도 걸었다면 이후 100m는 다리를 더 넓게 벌려서 걷는다. 몸의 중심과 팔은 평소 보행때와 똑같이 움직인다.

1 두 발을 어깨너비보다 넓게 벌리고 선다.

2 벌린 다리 사이를 유지하면서 천천히 걷는다. 양팔은 자연스럽게 앞뒤로 흔든다.

일자로 걷기

런웨이의 모델처럼 다리를 일자로 모아 걷는다. 팔과 체간은 평소 보행 때와 같이 자연스럽게 움직인다. 일자로 걸으면 무게중심이 흔들릴 수 있는데, 이때 머리가 중심을 잡아주고 엉덩이 근육이 기존보다 많이 쓰인다.

1 두 발을 일직선이 되도록 앞뒤로 모으고 선다.

2 무게중심이 흔들리지 않게 주의하며 일직선으로 걷는다. 양팔은 자연스럽게 앞뒤로 흔든다.

옆으로 걷기

천천히 옆으로 한 발씩 옮기며 걷는다. 몸은 옆으로 서고 얼굴만 정면을 향한 상태이기 때문에 공원 등 사람의 이동이 없는 한적한 곳에서 해야 안전하다.

1 옆으로 서서 두 발을 어깨너비로 벌린 후 얼굴만 정면을 향하게 돌린다.

2 정면을 향해 오른발부터 옆으로 한 발씩 옮긴다. 양팔은 자연스럽게 앞뒤로 흔든다.

뒤로 걷기

다양한 걷기로 자신감이 붙었다면 뒤로 걸어보자. 안전을 위해 보폭을 좁게 하고 팔은 자연스럽게 흔든다. 50m 이상 안전거리를 확보한 후 10~20m 정도 진행하는 것이 좋다. 이마저도 걱정스럽다면 10보 정도만 걸어본다.

1 뒤돌아서서 두 발을 어깨너비로 벌린다.
2 평소보다 보폭을 좁게 해 뒤로 한 발씩 걷는다. 양팔은 자연스럽게 앞뒤로
   흔든다.

뒤꿈치로 걷기

발뒤꿈치로 바닥을 디디며 앞으로 걷는다. 하지의 근육을 조금 더 강화할 수 있는 걸음걸이다. 허리디스크를 예방하는 것은 물론 치료에도 많은 도움이 된다. 오래 걷기보다 10걸음 정도씩 실시하는 게 좋다.

1 두 발을 어깨너비로 벌리고 선다.

2 발끝을 발등 쪽으로 들어 발뒤꿈치로 천천히 걷는다. 양팔은 자연스럽게 앞뒤로 흔든다.

앞꿈치로 걷기

일명 '까치발'로, 발뒤꿈치를 든 채 발 앞쪽으로 걷는다. 발목의 안정성과 종아리 근육을 강화시켜 하체의 균형감각을 향상시켜준다. 단, 보행 습관으로 굳어지면 종아리 근육과 아킬레스건에 부담을 줘 근육 경련이 일어날 수 있다.

1 두 발을 어깨너비로 벌리고 선다.

2 발뒤꿈치를 들고 발 앞쪽 바닥으로 천천히 걷는다. 양팔은 자연스럽게 앞뒤로 흔든다.

기마자세로 걷기

두 다리를 기마자세처럼 약간 벌린 채 몸을 낮추고 리드미컬하게 앞으로 이동하는 걸음걸이다. 한 발로 일정 거리를 간 후에 발을 바꿔 진행해본다. 보행은 리듬이다. 이 리듬을 유지하기만 해도 액티브 워킹에 한발 다가설 수 있다.

1 두 발을 어깨너비보다 넓게 벌린다.
2 양쪽 무릎을 굽혀 몸을 낮춘 후 오른발로 전진하고 왼발로 따라가는 방식으로 걷는다. 이때 리드미컬한 리듬감을 유지하며 걷는다.
3 10걸음 움직인 후 발을 바꿔 같은 방법으로 걷는다.

걷다가 다리 들고 멈추기

걷다가 한쪽 다리를 골반 높이로 들어 올려 잠시 멈추는 동작이다. 몇 번만 진행해도 허벅지에 힘이 차오르는 게 느껴진다. 다리 근육의 안정성을 향상시켜 주며 한 발로 몸을 지탱하기 때문에 밸런스 유지에 도움이 된다.

1 두 발을 어깨너비로 벌리고 선다.
2 걷다가 왼쪽 다리를 골반 높이로 들어 올린 후 2초간 멈췄다가 내린다.
3 발을 바꿔 같은 방법으로 실시한다. 좌우 왕복 동작을 10회 반복한다.

Q&A

걷기에 대한
또 다른 궁금증

Q 걷기보다 달리기가 건강에 더 좋지 않나요?

A 걷기와 달리기 모두 더없이 좋은 운동입니다. 특히 각종 대사성 질환을 예방하는 데 있어 두 운동 모두 탁월하지요. 물론 단시간에 거둘 수 있는 효과는 달리기가 절대적으로 우세하다고 할 수 있습니다. 근육량과 인대, 골밀도, 심폐능력 등 신체 발달 측면에서 걷기보다 효과가 압도적으로 크기 때문입니다. 그러나 그만큼 부상의 위험도 높습니다. 신체에 가해지는 하중과 충격 역시 걷기보다 월등히 크기 때문이죠. 특히 갑작스러운 심폐능력 등을 요구하는 달리기는 몸을 쉽게 지치게 하고 기저질환을 더 악화시킬 수 있어 주의가 필요합니다.

이에 반해 걷기는 다이어트 효과를 제외하면 눈에 띌 만한 드라마틱한 신체적 변화는 나타나지 않습니다. 마찬가지로 지나치게 무리해서 오래 걷지 않는 한 위험한 상황이 발생할 가능성도 거의 없지요. 하지만 걷기만으로 대사성 질환을 예방하는 효과는 충분합니다. 고혈압이나 당뇨 등 기저질환이 있는 사람들에게 걷기는 더없이 안전하고 꾸준히 실행할 수 있는 운동이지요. 근골격계에 문제가 있거나 운동 경험이 충분하지 않은 경우, 특히 고령이라면 달리기보다 오래 걷는 것이 더 좋습니다. 익숙해지면 조금 욕심을 부려 걷기와 달리기를 번갈아 해보세요. 분명 만족스러운 결과를 얻을 수 있을 겁니다.

걷기인가 달리기인가, 정답은 없습니다. 나이, 체력 등 현재 자신의 상태와 운동의 목적 등을 충분히 고려해 선택하는 것이 가장 좋습니다.

Q 무릎이 아픈데 많이 걸으면 무릎 연골이 더 손상되지 않을까요?

A 관절염 환자의 경우 예전에는 움직이지 않는 것이 바람직한 치료법으로 여겨졌으나 최근 의학 연구는 오히려 그 반대의 결과를 보여줍니다. 움직일수록 치료에 도움이 된다는 연구 결과가 많지요. 적절한 강도로 움직였을 때 통증의 정도가 눈에 띄게 낮아졌다는 많은 임상 사례가 보고되고 있습니다. 특히 미국 보스턴대학교의 한 연구에서는 하루 3,000~6,000보 정도를 걸었을 때 관절염 치료에 큰 도움을 주는 것으로 나타났습니다.

움직일 때 통증이 느껴지는 사람은 흔히 해당 통증을 피하는 식으로 움직이는데, 그럴 경우 점차 몸이 둔해지고 결국 해당 부위의 운동 능력을 잃게 되는 결과까지 초래할 수 있습니다. 움직이지 않으면 해당 근육이 약해지면서 증상이 더 심해지기 때문이죠. 허리나 무릎처럼 몸을 지탱하는 부위는 활발하게 움직여야 관절을 보호하고 추가적인 손상도 막을 수 있습니다. 그러니 부지런히 걸어야 합니다. 걷기는 근육과 신경 기능을 유지하고 관절을 보호해줍니다. 끊임없이 움직이는 것이야말로 최선의 해결책이라고 할 수 있지요.

매우 쇠약한 노인이나 혹은 심한 장애나 질병이 있어 거동이 힘든 상황이 아니라면 연골과 관련한 제반 문제들은 주변 근육을 강화하면 오히려 증상이 사라지는 효과를 볼 수 있습니다. 연골이나 관절이 불편하다고 걷기를 피하면 연골이 더 빠르게 약해집니다. 병원에서 치료받는 상황이 아니라면 걷는 편이 낫습니다.

Q 무릎 통증이 있을 때는 걷기보다 고정식 자전거가 더 좋지 않나요?

A 운동마다 특성이 있습니다. 고정식 자전거를 탈 때 쓰는 근육과 일상생활에서 사용하는 근육은 조금 차이가 있지요. 예를 들어 식당이나 마트에 가더라도 걸어서 이동해야 합니다. 그러니 가능한 한 걷는 운동을 통해 걷기에 필요한 근육들을 단련하는 게 좋지요. 밖에 나가서 걷는 게 좋지만 사정이 여의치 않

다면 운동기구를 이용하는 방법도 가능합니다. 러닝머신 위에서 보폭을 줄여 걷기만 해도 고정식 자전거를 탈 때보다 훨씬 큰 효과를 기대할 수 있습니다. 스테퍼를 활용하는 것도 좋습니다. 천천히 연습하면 균형감과 자신감을 회복하는 데 큰 도움이 됩니다. 나이가 들수록 근육 부자가 되어야 합니다. 근육이 우리 몸을 지켜주니까요.

Q 걸을 때 팔을 크게 움직이면 운동 효과가 더 좋은가요?

A 당연합니다. 사람이 걸을 때 자연스레 팔을 앞뒤로 흔드는 것은 일종의 본능입니다. 걸을 때 몸이 의도치 않게 회전하는 동작을 막아주기 때문이지요. 걷기 시작하면 발생하는 엉덩이 근육의 회전력을 팔의 움직임이 상쇄해주는 것입니다. 팔을 크게 움직이면 걷는 동안 균형감을 높여 낙상을 예방하고, 에너지를 더 많이 쓰게 해 혈당 조절과 체중 감량에 도움이 됩니다. 또 신체활동량이 늘어나고 신진대사가 더욱 활성화됩니다. 팔꿈치를 L자에서 V자로 굽히면 운동 효과는 더더욱 올라가지요.

Q 걷다 보면 자꾸 엉덩이가 뒤로 빠지면서 허리가 앞으로 가는데, 이런 자세 괜찮은가요?

A 결론부터 말하면 좋지 않습니다. 빨리 걷는 동작에만 몰두해 몸의 중심을 챙기지 않은 채 흐느적거리면서 걷는 경우가 많은데요. 그러면 엉덩이는 뒤로 빠지고 허리는 앞으로 이동합니다. 심지어 거북목처럼 턱을 앞으로 빼고 걷는 상황까지 발생하지요. 모두 통증을 유발하는 자세입니다. 불안정한 자세로 발을 디딜 때 발생하는 충격이 그대로 척추에 전해져 허리 통증이 발생할 수 있습니다. 매우 위험하지요.

엉덩이가 뒤로 빠지는 이유는 몸에 힘을 완전히 빼고 걷기 때문입니다. 이때는 아랫배에 조금 힘을 줘 몸의 중심을 잡아야 합니다. 척추나 관절에 무리를 주지 않는 방법이지요.

Q 걷기로 정말 살을 뺄 수 있나요?

A 물론입니다. 사람마다 약간의 차이가 있지만 걷기는 1시간 기준 약 200kcal를 소비합니다. 빨리 걷기는 460kcal 정도로, 천천히 걷는 것보다 2배 이상의 칼로리 소모 효과가 있지요.

빠른 걷기를 10~20분 이상 하면 우리 몸은 체지방을 분해하기 시작합니다. 짧게 30분이라도 꾸준히 걸으면 충분히 체중 감량 효과를 거둘 수 있습니다. 특히 달리기처럼 격렬하지 않고 부상의 위험도 없어 오래 실천할 수 있지요. 그만큼 쉽게 접근하고 지속하기 쉬워 요에 대한 부담도 줄어듭니다.

걷기의 목적이 체중 감량이라면 속도와 시간을 점차 늘리고 걷는 방법을 달리해 강도를 높이면 더 효과적입니다. 천천히 걷더라도 걷는 시간을 늘리거나 걷기와 달리기를 적절히 병행하면 도움이 되지요. 푸시업이나 크런치, 스쿼트 등의 무산소성 운동을 함께 한다면 금상첨화겠지요?

Q 뒤로 걷기는 어떤 효과가 있나요?

A 앞서 관절염 환자도 적당히 걸어야 운동 반경이 커지고 건강하게 생활할 수 있다고 설명했는데요. 이러한 관절염 환자들에게 추천하는 대표적인 운동이 바로 '뒤로 걷기'입니다. 뒤로 걸으면 앞으로 걷는 것보다 무릎관절의 굽혀지는 각도가 훨씬 좁아 통증을 많이 줄일 수 있습니다.

관절염 환자들은 무릎 충격에 예민해 운동 자체를 꺼립니다. 하지만 뒤로 걷기는 발 앞쪽이 먼저 땅에 닿은 후 중심 부분인 발바닥 바깥쪽을 거쳐 뒤꿈치까지 부드럽게 지면에 닿기 때문에 무릎에 가해지는 충격이 적습니다. 또 평소 잘 쓰지 않는 근육을 사용해 몸 전체의 근육을 균형 있게 발달시키는 효과도 있지요. 우리는 걸을 때 대개 허벅지 앞부분인 대퇴사두근을 주로 사용하는데, 이에 반해 뒤로 걷기는 허벅지 뒤쪽 근육을 발달시키고 힘줄을 튼튼하게 만들어줍니다.

여기에 더해 에너지 소모량도 상당합니다. 시야가 확보되지 않은 상태에서 익숙하지 않은 동작을 하기 때문이죠. 자연히 운동 효율이 높아집니다. 운동을 하는 동안 넘어지지 않으려고 집중하면서 순발력은 물론 유연성과 균형감각까지 끌어올릴 수 있지요. 또 요통 예방과 치료에 효과가 뛰어납니다. 뒤로 걷기 위해서는 반드시 몸을 세우고 뒤로 젖혀야 하는데, 이때 등과 척추가 평소보다 많은 운동을 하게 되지요.

다만 시야가 확보되지 않은 상태에서 하는 운동인 만큼 안전에 유의해야 합니다. 아스팔트 같은 딱딱한 곳보다 잔디밭이나 흙길처럼 보드라운 바닥에서 걷는 것이 좋습니다.

Q 계단 오르기를 하면 안 되는 사람도 있나요?
....

A 계단 오르기는 여러 면에서 참 좋은 운동이지만 절대 피해야 하는 사람도 있습니다. 무릎에 심한 통증이 있거나 심장병이

있다면 계단 운동은 삼가야 합니다. 계단이 관절염을 악화시키거나 흉통을 유발할 수 있기 때문이죠. 균형감각이 떨어져 있는 노인들 역시 낙상 사고의 위험이 있어 조심해야 합니다. 또 건강한 사람이라도 급격한 움직임으로 인해 햄스트링 등에 손상을 입을 수 있으니 주의를 기울이는 것이 좋습니다.

Q 맨발 걷기가 좋다던데, 정말인가요?

A 전문가들은 하루 2시간 정도 맨발로 걸으면 심장마비나 뇌출혈을 예방할 수 있다고 말합니다. 땅속의 자유 전자들은 본래 음전하를 띠고, 우리 몸에는 3~6볼트의 양전하가 흐르기 때문에 우리 몸과 땅이 만나는 순간 중성화를 이루고, 순간 우리 몸에 축적된 활성산소가 몸 밖으로 배출된다는 원리입니다. 단순하게 말하면 흙과 돌 같은 자연물이 발바닥을 자극해 감각을 예민하게 일깨우는 효과가 있다는 말이지요.

하지만 신발이라는 보호 장치가 없으니 주의해야 할 점이 많습니다. 먼저 맨발에 자극이 지속적으로 오기 때문에 피로감을 느낄 수 있어 초보자의 경우 20분 이상 걷지 않는 게 좋습니다. 각종 가시와 풀, 독충, 뱀의 위험이 있는 수풀은 절대로 피해야 합니다. 혹시 모를 사고에 대비해 파상풍 예방주사는 미리 맞는 것이 좋습니다. 부상 예방을 위해 관리가 잘된 공원이나 맨발 걷기를 목적으로 조성된 길에서 걷는 게 좋겠지요?

걸을 때는 어깨와 가슴을 펴고 천천히 심호흡하며 가볍게 걷습니다. 발이 잘 붓는 오후에 걸으면 운동 효과를 극대화할 수 있지요. 맨발 걷기가 끝난 후에는 미지근한 물로 발을 씻고 마사지로 피로를 풀어야 합니다.

맨발 걷기를 피해야 하는 사람도 있습니다. 고령자, 발가락이 변형된 사람, 편평족(평발), 요족(오목발), 당뇨 증후군이 있는 발, 자가신경종환자 등은 조심하는 게 좋습니다.

Q 걷다 보면 순간적으로 무릎이나 고관절이 집히는 느낌이 드는데, 이럴 때 걸어도 괜찮은가요?

A 무릎에 통증이 느껴지는 정도라면 잠시 멈추는 것이 좋습니다. 과도한 걷기 운동은 무릎 퇴행을 촉진할 수 있기 때문이죠. 1시간 걸었을 때 통증이 느껴진다면 20~30분간 쉬면서 근육의 피로도를 확인하고 강도를 조절해야 합니다. 이때 무릎 돌리기 등 스트레칭을 하면 더 빨리 컨디션을 회복할 수 있습니다. 수영처럼 관절 통증을 감소시키고 부하를 줄이는 운동도 도움이 됩니다.

오래 걷거나 혹은 갑작스러운 방향 전환으로 고관절 통증이 찾아오는 경우도 있습니다. 이는 고관절을 둘러싼 근육의 유연성이 감소했거나 고관절의 움직임이 제한되거나 고관절 자체가 변형되었기 때문에 발생하는 증상이지요. 고관절을 무리하게 사용하거나 선천적인 문제가 있어 변형된 경우가 아니라면 대부분 운동 부족을 원인으로 꼽을 수 있습니다.

책상 앞에 오래 앉아 있거나 같은 자세로 컴퓨터나 스마트폰을 많이 보는 습관 등도 문제가 됩니다. 근육의 움직임이 제한되어 유연성이 떨어지기 때문이죠. 오래 앉아 있거나 움직이지 않으면 복근과 허리가 약해지고, 엉덩이와 허벅지 앞부분이 당기면서 저림과 통증이 발생합니다. 이럴 경우 고관절의 가동 범위를 넓혀 개선하는 단계를 거치는 것이 좋습니다.

운동을 아주 오랜만에 하거나 갑자기 살이 많이 찐 경우도 주의해야 합니다. 선천적으로 고관절이 탈구된 사람이나 골절 등 외상 이력이 있는 사람도 마찬가지이지요. 관절이 변형 또는 마모되거나, 뼈끼리 접촉해 고관절 통증이 생기는 경우도 종종 있습니다. 이때는 반드시 전문가를 찾아야 합니다.

고관절은 한쪽만 아픈 경우가 많아 다른 한쪽 발로 중심을 잡는 버릇이 생깁니다. 몸의 균형을 무너뜨리고 자세를 망치는 원인이 되지요. 통증이 느껴진다면 해당 부위를 찜질(만성 통증은 온찜질, 일시적 통증은 냉찜질)하거나 스트레칭과 마사지로 근육을 풀어주는 게 좋습니다. 무엇보다 올바른 걸음걸이를 실천하는 것이 장기적으로 고관절의 건강을 지킬 수 있는 방법이지요.

Q 걸을 때 어떤 신발을 신는 게 좋을까요?

A 신발은 보행 시 발생하는 충격을 완화해줍니다. 동시에 발이 갖고 있는 본연의 기능을 방해하기도 합니다. 발의 뒤꿈치가 지면에 닿아 앞쪽까지 부드럽게 접지하는 과정에서 신발 밑창의 두께가 유기적인 움직임을 방해하는 것이지요.

신발은 볼이 넓어야 좋습니다. 좁은 볼 안에서 발가락이 서로 뭉쳐 압박을 받게 되면 강력한 추진력, 균형 잡기, 스트레스 분산 등의 기능이 떨어질 수밖에 없습니다. 가급적이면 볼이 넓어서 발이 편안하게 들어갈 수 있는 신발을 신는 게 좋습니다. 신발 바닥은 얇게 만들어져 걸을 때 발의 움직임에 따라 편안하게 접히는 부드러운 소재가 좋습니다. 패션보다 기능을 중심으로 선택하길 바랍니다.

볼이 좁고 바닥이 두꺼워 신발을 신을 때 공중에 떠 있는 느낌이 들면 신발 안에서 발이 게을러지고 감각이 무뎌질 수 있습니다. 워킹을 위한 신발 선택에는 약간의 논쟁 요소가 있습니다. 통상적으로 스포츠화의 경우 지나치게 두껍거나 앞코가 들려 있으면 걸을 때 발가락이 구부러지지 않는 단점이 있습니다. 발의 감각을 빨리 녹슬게 하는 결과를 초래하지요.

조깅용 러닝화를 걷기용으로 선택하는 분도 많은데요. 그건 좋지 않습니다. 걸을 때와 달릴 때는 지면에 발이 닿는 부위가 서로 다르기 때문이지요. 요즘은 워킹화와 러닝화가 구별되어 나옵니다. 워킹화는 발뒤꿈치 부분에 충격 완화 장치가 있어야 오래 걸어도 피로를 느끼지 않습니다.

밑창은 충격을 흡수하는 소재로 만든 것이 좋습니다. 발등은 통풍이 원활하면서 잘 구부러지는 부드럽고 가벼운 소재가 좋지요. 굽은 2~3cm 정도가 적당합니다. 너무 얇은 신발은 바닥이 일찍 닳아 발바닥 중심 부위를 지탱해주는 효과가 빨리 떨어져 발의 피로는 물론 염증까지 불러올 수 있습니다.

신발은 발이 늘어나는 저녁에 사는 게 좋습니다. 직접 신어보고 발끝에 1cm 정도 여유 있는 사이즈로 골라야 합니다. 아무리 좋은 신발이라고 해도 시간이 지나면 발을 지지해주는 쿠션과 스프링 등 기능이 떨어집니다. 1년에 한 켤레 정도 새로 장만해 교체하는 것이 바람직합니다.

EBS 클래스ⓔ 시리즈 37

오늘부터
걷기 리셋

1판 1쇄 발행 2022년 12월 30일
1판 3쇄 발행 2023년 12월 20일

지은이 홍정기

펴낸이 김유열
편성센터장 김광호 | **지식콘텐츠부장** 오정호
단행본출판팀 · 기획 장효순, 최재진, 서정희 | **마케팅** 최은영 | **제작** 정봉식
북매니저 윤정아, 이민애, 정지현, 경영선

책임편집 장문정 | **디자인** 정윤경 | **일러스트** 임회 | **인쇄** 우진코니티

펴낸곳 한국교육방송공사(EBS)
출판신고 2001년 1월 8일 제2017-000193호.
주소 경기도 고양시 일산동구 한류월드로 281
대표전화 1588-1580 **홈페이지** www.ebs.co.kr
이메일 ebs_books@ebs.co.kr

ISBN 978-89-547-7246-4 04300
        978-89-547-5388-3 (세트)

ⓒ 2022, 홍정기